どの子も夢中になって取り組む！

図画工作
題材&活動アイデア
100

西尾 環 編著

明治図書

JN040207

はじめに

　新時代である。コロナが続く混沌とした世の中だが，テクノロジーの発展は凄まじい。アートは，テクノロジーやサイエンスと結び付き，世の中の至るところに新たな世界を創り出している。それらは閉塞感を打ち破るエネルギーにもなってきた。

　子供を取り巻く環境の変化も，これまでになく加速している。子供の関心事やくらしも変化し，必要な知識・技能及びその獲得の仕方，考え方や表現方法も日々進化しつつある。これから未来を生きる子供たちが，今，学校で学ぶことは何なのだろう。教育の世界は大きな転換期を迎えている。GIGA スクールも，構想から実現へ。１人１台端末も現実化した。新学習指導要領全面実施（小学校）から３年が過ぎ，学校教育は，新たなフェーズへと入った。

　それでも，人間の根底にある「何かをつくることは楽しい」「自らを表現したい」「よきもの，美しきものに触れたい」という気持ちは，いつの時代でも変わらない。それは図画工作で大切にしていることでもある。その図画工作は，今の時代でも，子供にとって「好き」な教科である[※1]。しかし調査結果をよく見ると，2020年版では２位だったが，今回は３位。しかも学年が上がるにつれて好きである割合が大きく減っている。これは何を表しているのだろうか。「好きだという子供が減っていく図画工作」を，そのままにしておいていいのか。子供たちは，今の図画工作の在り方に何かを問いかけているのではないだろうか？

　それを本書では，「題材」という観点から捉えて提案する。「題材」は，児童の学習過程における学習活動の一連の「まとまり」である。目標や計画，材料や用具，学習活動などが含まれる。それを子供に示したものが，題材名である。奥村高明（2022）は，「図画工作の題材名は学習活動への案内や提案の役割を果たします。一中略一子どもの心や体が柔らかになるように，意欲がわくように，同時に，子どもが色や形，イメージなどの学習活動の手掛かりがつかめるように設定すること」と述べている[※2]。

　私たち執筆者は，これまで実践した授業をもとに，子供にとってわくわくするような題材と活動・支援のアイデアを考え，まとめてみた。そこには，１人１台端末活用の新たな題材もあれば，アナログ中心の題材もある。11人の叡智を結集して，全学年，全領域の実践を紹介できるよう散りばめた。１題材１ページという限られたスペースなので，二次元コードからカラー資料も覗けるよう工夫した。

子供の「表したい，つくりたい」という思い，「つくることは楽しい」と没頭する姿，「満足した！　またやりたいな」と喜びながら，次の活動に向かう心。図画工作の原点ともいえるそのような子供の姿を思い浮かべつつ，私たちは執筆をし，語り合ってきた。そうやって，未来も見据えて書き上げた100題材の本である。読者である先生方にとっても，より具体的な授業構想に結び付く本となりますように。そして，現場の全ての世代の先生たちにとって役立つ内容となれば，幸いである。

2023年8月

編著者　西尾　環

本書の題材執筆及び実践にあたっては，以下の研究会に属する先生方にご協力をいただきました。
・熊本県市図画工作・美術教育研究会
・東京都図画工作研究会
・熊本市小・中学校情報教育研究会
あらためて心よりお礼を申し上げます。

※1　学研教育総合研究所「小学生白書 Web 版（2022年9月調査）」好きな教科／嫌いな教科
　　　https://www.gakken.co.jp/kyouikusouken/whitepaper/202209/chapter8/01.html
※2　奥村高明「題材名は縁起のはじまり」「学び！と美術〈Vol.117〉」（日本文教出版），2022.05.10
　　　https://www.nichibun-g.co.jp/data/web-magazine/manabito/art/art117/

CONTENTS

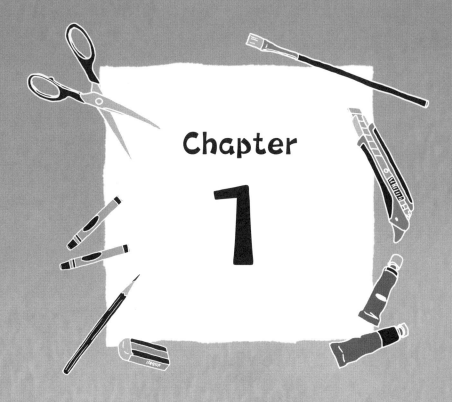

Chapter 1

新しい時代の
小学校図画工作の
活動・支援の
ポイント

端末は 強い味方だ 活用を
～新たな表現・鑑賞のツール～

1 表現・鑑賞の新たなツールとしての端末

　図画工作における表現の材料には様々なものがある（絵具・パス・粘土……）。そこに近年，タブレット（コンピュータ）端末が新たな表現手段として登場した。子供たちは，それらを駆使して絵を描き，アニメーションもつくる。撮影した写真を形や色，光を考えながら編集したり，プログラミングアプリを触って画面や道具を動かしたりする。そこでの子供は，材料や道具（ここでは端末やアプリ）に触れながら表現の面白さに気付き，新たな表現方法を発見しながら主体的に活動し，友達と交流をしている。

　また，鑑賞ツールとしても優れた力を発揮する。作品を端末の中に取り入れることで，子供が自分の手元で拡大や比較といった操作をしながら観ることができる。インターネットを使って美術館に飛んでいくこともできるし，遠くの国と作品交流もできるのである。

　このような端末を1人1台持つ時代となった。それらのよさを生かした新たな題材が生み出されることは，必然であろう。

2 図工の資質・能力育成とICT活用

　「感じたことや想像したことなどを造形的に表す表現や，作品などからそのよさや美しさなどを感じ取ったり考えたりし，自分の見方や感じ方を深める鑑賞の学習過程においてICTを活用」（文科省，2020）とあるように，タブレット端末も，図画工作の授業において，価値あるツールの一つとして存在していくのは間違いない。ただし「実際にものに触れたり見たりすることが，図画工作科の資質・能力の育成において重要であることも踏まえ，学習のねらいに応じて必要性を十分に検討し，活用することが大切」（文科省，2021）とも示され，図画工作での本来の「手でつくる」「体全体の感覚を働かせながら表現する」という子供の姿が中心にあることは揺るがない。むしろ，それを大切にしつつ新たなICTを取り入れていくことが，子供の主体的な学びをさらに加速させ，これからの時代を生き抜く創造力を培うことになるだろう。

3 様々な活用と授業デザイン

　そして，タブレット（コンピュータ）端末等の大きな特徴は，単なる表現ツールにとどまらない点にある。技能を学ぶ映像視聴の道具，発想や構想時のメモ，ワークシートや思考ツールの役割など多様である。さらに振り返りシートや作品を蓄積することもでき，クラウド化によって保管庫への入り口となる。

　図画工作の授業では，ねらいがあり，それに沿った題材設定や材料・道具の選定が必要になる。その中で子供が端末をどう活用するのが効果的か，教師の支援の味方になるのか。教師自身も日常的に端末に触れながらよさや特性を知り，図画工作の中で活用できる強い味方と考え，授業をデザインしていく力が，これからは必要となる。

スタートの 5分でハートを キャッチング
~導入と素材選びの重要性~

「図工の授業は，最初の5分で決まる」とよくいわれる。これは，授業のスタートで，子供の心をつかむ大切さを述べている。導入で子供が「楽しそう，面白そう」「早く描きたい，つくりたい」という気持ちさえ持てば，あとは自ら活動し始めるものである。そのためには心踊る材料や作品・道具との出会いの場面をつくりたい。奥村高明（2016）が「導入は本時の目標を明確に共有する時間です。『望ましい創造活動への案内』や『豊かな発想のてがかりとなる提案』を行うなどして，子どもが『めあて』を意識できて，意欲が高まるようにします」「長くても10分以内に収めたいものです」と述べている。目標を明確化するための手立てがあったうえで，短くも楽しい時間を設定することである。

1 素材に直接触れながら感性を働かせて

例えば初めて出会う土粘土を使った授業では，土粘土の塊をグループの目の前にドンと置くだけで，子供は手を伸ばして触り「気持ちいい」と目を見張る。自由に触らせると，ちぎって丸めたり穴を開けたりし始める。へらを渡すと削ったり伸ばしたり，わいわい言いながら楽しむ。そこから「どんどん掘って削って何かつくろう」「楽しいランドをつくりたい」と声が出て，対話しながら題材名やめあてに結び付けられたら最高である。わくわくしながら製作活動へ入るだろう。

2 参考作品で視点を明確にして見通しを

「構想を立てて絵を描いたり工作をしたりする」ときには，参考作品が効果的だろう。もちろん，子供が描きたい，つくりたいという意欲を持つことができ，ねらいに迫るような特徴を持った作品であることが望まれる。そのためにも視点を明確にした作品の鑑賞活動を短時間で行い，共通のめあてを持たせることである。名画の鑑賞授業のあと表現に入る場合もある。木版画では刷りの瞬間を見る，体験することから入ると，驚きと見通しへの期待が生まれる。

3 仕組みや道具の面白さから

動くおもちゃの参考作品を見せると興味を持つが，仕組みだけを見せて（例えば箱とクランクとストロー），何に使えるかと考えさせるのも面白い。また，針金を1本取り出し，ペンチと指を使って丸めたりきれいに曲げたりしてみせると，あまり使ったことのない道具や材料に関心を示す。

4 本物との出会いや ICT 活用

美術館での鑑賞授業や本物のアーティストとの出会いはそれだけで価値がある。生の作家や美術作品の存在は大きい。仮に実物を見られない場合，大型モニターやオンラインという手法もある。さらに端末が1人1台ある状況ならば，個別に手元で見るようにすることができる。

見守って「なるほど」「いいね」共感を
～主体的活動を展開するために～

展開の時間になれば，子供は活動（発想，構想，製作）に没頭する。その時間は，子供が資質・能力を発揮する場面である。

岡田京子（2016）は述べている。「教師が考えたアイデアを何もかも提示して，子供から考えるチャンスを奪う必要はありません。『こんなこと見つけたよ』『僕が考えたよ』などの声を待ち，それに共感すること，その環境を整えることが教師の仕事です」

教師は，必ず指示・指導をしようと思いがちだが，実は，考えたり製作したりしている子供たちの近くを歩きながら見守り，共感することが大事なのである。そして子供が活動しやすい環境づくりも教師のすべきことだ。

1 効果的な言葉かけと共感

まずはゆっくり子供を見守り，それから活動や表現を受け入れて声をかけよう。

・「楽しくつくっているなあ」（意欲的な動きに）
・「考えることは大事だね」（発想や構想中に）
・「ここは赤色なんだね」（表現そのものに）

そして子供と対話する中で，子供の思いや工夫が分かってきたら「いいね」「なるほど」など，さりげなく付け加えよう。

・「アイデアがこのような形になったのか，いいね」（構想の現実化）
・「なるほど。この色はそういう意味だったのね，すてき」（表現の意図への納得）
・「動きがいいね。接着がしっかりしてるか

らだね」（技能や工夫のよさ）
・「そう感じたのは，ここの描き方からなんだね，なるほど」（鑑賞の感じ方への共感）

子供は自分を認められたと感じ，うれしくなる。また，やり取りの中で自己承認をされると安心感を持つのである。それがさらに，よき表現を生み出す。効果的な言葉かけそのものが適切な評価である。

2 主体的活動を促す環境づくり

学習の流れや活動の手順は板書し，道具の扱い方を示す資料は，黒板に貼ったり，モニターに映し出したり，子供の端末に入れておくなど工夫する。そうすることで，子供の主体的活動が促進される。

また，学習形態も重要で，自然と対話が生まれる形が望ましい。図工室の作業机はもともと子供が向き合って活動できる。教室でも机・いすの配置を工夫して，子供同士の対話が活発になるような場の設定をする。子供同士の関わりで，子供たちの中に「いいね」「なるほど」などと飛び交い，やがて活動は進化し，主体的な活動が促される。

コロナ禍でなかなか対話ができない状況でも，アイコンタクトやボディランゲージを推奨しよう。そしてタブレットの授業支援アプリ（ロイロノート・スクール，以下ロイロノートなど）で，カードを使って考えを交流したりよさを認め合ったりするのも，それなりに意義があるのだ。

活動と 作品見つめ よき実感
～鑑賞と振り返り・評価で次につなぐ～

子供が「楽しかった」「満足した」という思いを持つだけでも，造形活動の体験として大成功である。加えて，「鑑賞・振り返り」という終末の活動を行うことで喜びは拡充するとともに，学びが深まり，次の学習へのステップとなる。ここに，学習，授業としての意義がある。学習である以上，教師も評価を行うが，それは作品のみを評価するのではない。森實祐里（2016）が「図画工作科の評価は『子供の学び』を知ること」「できあがった作品ではなく，子供がどんな力を発揮し，子供が何を考えているのかを知ること」と述べているように，子供の活動の姿を認めることが大切である。

1　自分の作品鑑賞と振り返り

できあがったらまず自分の作品を見つめ，自分の思いが表現につながったところを見付ける。また，製作途中のどこで困難があったのか，工夫をしたのか，時間をかけて丁寧にしたのか，自分の作品の鑑賞をしながら，心の中で振り返る。そして「自分が表したかったこと，がんばってつくったところ，よくできたこと」などを作品カード等に表す。

2　他者の活動を認め作品の鑑賞を

自分以外の作品の鑑賞を行う際は次の2点を視点に持つことだ。
①作者のがんばりを認めること

近くで活動していた友達のことはよく分か

るものである。だからまずは隣やグループの者同士の作品を見ながら，作者の姿をほめるようにしたい。
②作品のよさを発見すること

①をしたうえで，導入時に学んだ視点（形や色は？　動きは？）を明らかにすると，作者の工夫と作品のよさが結び付く。そして発見できたことを具体的に言語化できるようになる。だから，学級全体で鑑賞するときは，対話をしたり作者の思いが述べられた作品票を添えたりすることが重要な意味を持つ。そして感じたことを，相手に伝える場を設定する。それは対話でも付箋紙でもよい。端末の効果的な活用も行いたい。

もちろん最後に教師も，一人一人の子供に対するほめのコメントを記すことを忘れてはならない。

3　活動の振り返りと自己評価

子供自身が活動を振り返り，自己評価するための材料として，端末を活用して自分で製作途中の作品を記録し，撮っておく方法がある。写真や映像に残し，振り返りの場で見返すことは効果的である。そしてその資料をクラウド化されたところへデータとして保管しておくと，ポートフォリオとなる。

また，子供の活動中の姿（特に造形遊び）を，教師が撮影しておいて資料として子供に見せたり送ったりするのもよい。

安心と 安全　笑顔の 図工室
～約束と雰囲気づくりで楽しく～

*ここでいう図工室は，図工の授業を行う教室なども含みます

　大橋功（2022）は「『表現する教室』とは，自分の思いを表現することができ，それを受け容れることができる先生や友達との関係が生まれている教室」「自分が自分らしく伝え合える教室」と述べている。

　図工の授業を行うのは，図工室や教室，屋外や体育館と多様な場所。いずれも「表現する教室」であるといえる。授業者は，安全，安心を念頭に置き，笑顔のあふれる場になるよう，常に工夫し心がけている。具体的に行っていることを，本書の執筆者にアンケートをとり，声が多かった順にまとめてみた。

1　子供へ寄り添った声かけ，関わり

　これは，多くの執筆者が述べていたことだ。具体的には「必ず机間指導をして声をかける」「子供の声や思いを聞く」「オーバーアクションで喜ぶ」「さりげなくほめる」「授業のめあてに沿った評価，声かけ」など。作品を真似する子供がいても決して非難しない。「真似ることは学ぶこと」。そこからオリジナリティも，いずれ生まれるという信念である。

2　作品を大切にする

　「あなたの作品が好きだ」という教師の愛。「みんなが一生懸命つくった作品です。互いに工夫点やよい点を前向きに認め合いましょう」という鑑賞の基本となる約束事だ。作品を大事に展示する。児童が撮影できるような作品コーナーの設置や工夫。そして著作権に

ついての知識。タブレットで容易に撮影できるからこそ，全員がしっかり学ぶべきだ。それは作者の思いを大切にすることにつながる。

3　材料や道具の使い方の指導

　図工室には便利な道具がたくさんある。それらを安全に正しく使い，けがをしない，させないよう指導を徹底すること。示範，掲示資料，動画活用などの方法を組み合わせる。道具の置き方や渡し方にも細心の注意を払う。

4　協働的な学びや関わり合いを大切に

　なるべくグループで活動し，互いの工夫やよさを共有しやすいように心がけている。図工に苦手意識を持っている児童も，安心して活動できるように。よさを見出し，認め合う児童同士の関係づくりは，多文化共生社会を生きる力の育成に不可欠である。

5　時間を大切に　準備・片付けも授業

　準備や片付けも含めての授業。準備室も含め，どこに何があるか（道具箱，材料ボックス）を児童も知っておく。時間を大切に使うこと。専科にとって「他の時間を使おう」はない。担任にとっても「他の時間は他の授業をする時間」。これからは，ICT活用によって，有効な時間も生み出せる。

　図工室や教室が，児童にとって，常に居心地のいい場所でありたいと願う。　（西尾　環）

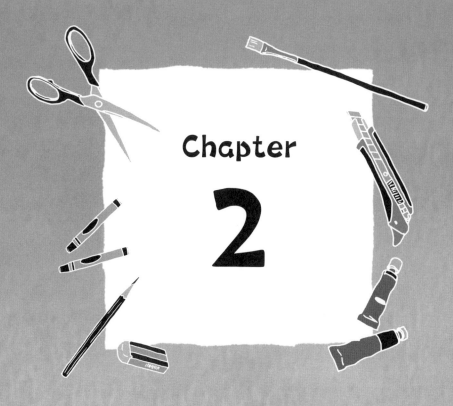

Chapter

2

楽しさ広がる！

題材＆活動
アイデア100

造形遊び

絵

立体

工作

鑑賞

001

学年：1年　　時間：45分×2時間

準備物：紙コップ（3種類），透明コップ（2種類ほど），光源

毎床栄一郎

つくりだそう！たくさんのカップで

ねらい

カップ（コップ）を思いつくままに並べたり，積んだりしながら形をつくりだしていく中で，積み方などの工夫や形の面白さに気付く。

学習活動の流れ

①活動時間や場所，材料などの特徴について知り，活動への見通しを持つ。（5分）

②紙コップを思いつくままに並べたり，積んだりする。(35分)

③相互鑑賞を行い，友達の積み方の工夫やつくりだした形の面白さを感じ取る。（8分）

④鑑賞で気付いたことについて，学級全体で話し合う。（7分）

⑤新たな気付きを生かしたり，つくり変えたりしながら，さらに造形する。(25分)

⑥造形したものに光を当て，できた影も鑑賞する。（5分）

⑦学習の振り返りをする。（5分）

ポイント

○子供の発想を広げるために，活動場所は広めにする。ただし，子供同士の関わりができるような適切な広さを設定することが重要である。

○紙コップは，子供たちが十分に活動できるように多量にあるとよい。また，本実践では以下のような準備をした。

・紙コップについては，異なる大きさ（3種類）を準備した。大きさが異なることで積み方などの工夫が生まれると考えたからである。

・紙コップに加え，透明のコップを準備した。これは，最後に造形物に光を当て，影でできる形を鑑賞するためである。

○④の話し合いの中で，気付きのよさを価値付けたり，積み方の工夫を共有したりすることで，⑤の活動に生かそうとする意識が高まる。

002

学年：1年　　時間：45分×2時間

準備物：カップ，色水（食紅），スポイト，透明アクリル板，ペットボトル

毎床栄一郎

つくりだそう！色水イロイロ

ねらい

　赤・青・黄の3色の色水を思いつくままに混ぜながら，色をつくりだす。また，カップに入れた色水を並べたり積んだりして色の組み合わせを楽しむ。

学習活動の流れ

①道具の使い方や活動の仕方を知り，学習を楽しむ意欲を高める。（7分）

②赤・青・黄の色水を思いつくままに混ぜたり，自分なりに考えたりしながら色をつくりだす。また，つくった色水を並べたり，積み上げたりしながら，できた形や色の組み合わせを楽しむ。（35分）

③相互鑑賞をして，友達がつくりだした形の面白さや色の組み合わせのよさを感じ取る。（6分）

④感じ取った形の面白さや色の組み合わせについて話し合い，新たな発想や考えを持つ。（7分）

⑤つくり変えたり，新たな考えを取り入れたりして造形活動を楽しむ。（25分）

⑥学習を振り返る。（10分）

ポイント

○本実践の色水は食紅を用いてつくるようにした。食紅でつくった色水は透過性があり，光を通すことでより美しく感じ取ることができる。また，真水によって薄めることができるので，色が多彩にできる。

○つくった色水を入れる容器をふた付きの容器にすることで，並べるだけでなく積み重ねることができる。それによって形をつくりだしていくことが可能となる。

○透明アクリル板を活用することで，並べた色水を下から見上げることができるようになる。横から見たり下から見上げたりする見え方の違いによって，感じ方も変わってくるであろう。

003

学年：1・2年　　時間：45〜90分

準備物：ペットボトルキャップや紙コップ，色画用紙

中根誠一

ならべて みつけて

後片付け前に作品を撮影することで
活動の過程を記録することができる。

友達と協力してつくった作品

ねらい

ペットボトルキャップや紙コップ等の身近な材料の並べ方や積み方を試しながら，自分なりのよい並べ方や積み方を見付ける。

学習活動の流れ（45分の場合）

①本時の流れと約束事を確認する。（5分）

・材料を大切に扱う。

・材料のいろいろな並べ方を試す。

・試す中で自分なりのよい並べ方を見付ける。

・1人1台端末のカメラ機能を活用して，作品を撮影してもよい。

・本時の終末に鑑賞会を行う。

・材料は全て丁寧に後片付けする。

②材料を並べる活動を試して，思いついたことに次々に取り組む。（30分）

③図工室や教室内で取り組んだこと，試す中で撮影した記録画像を鑑賞し合う。（5分）

④本時を振り返り，造形活動や鑑賞活動で気が付いたこと，感想等を発表する。（5分）

ポイント

〇ペットボトルキャップは，お便りやメール配信等で事前に家庭や地域に声をかけ，見通しを持って用意する。難しい場合，近隣の学校から借りることも考えられる。

〇紙コップは，予算を計画的に組むとよい。

〇一旦材料を用意することができれば，学校全体で共有することもでき，実態に合わせて他学年でも実施することができる。

〇1人1台端末のカメラ機能を活用することで，造形活動の過程や作品の記録，場の様子等を適時，記録することができる。

＊本実践は，「いろいろ　ならべて」（開隆堂出版『ずがこうさく1・2上　わくわくするね』）を参考に行いました。

| 004 | 学年：1・2年　　時間：45分×4時間　　準備物：野菜，身の回りの用品（キャップなどスタンプしたら面白い形が写りそうなもの），ローラー，インク，ロール紙等 |

村上正祐

スタンプあそび，ローラーあそび

野菜の切れ端やカップ，ミニカーなどにインクを付けてスタンプ遊びを楽しんだ。ローラー遊びと組み合わせても面白い活動になる。

ねらい

　野菜の切れ端の断面やペンのキャップ，プチプチシートなど模様のあるものなどにインクを付けてスタンプして遊ぶ。また，ローラーを使って遊んだりスタンプと組み合わせたりして表現する。

学習活動の流れ

⓪本時のスタンプ遊びの題材に入る前に，野菜や日用品などにインクを付けてできた模様のクイズを見て関心を持ち，材料を集める。

①共同インクの使い方やスタンプした後の置き場所などを確認する。（10分）

②持ってきた材料を使ってスタンプ遊びをする。（80分）

　課題：いろいろな材料を使ってスタンプ遊びをしよう。

・ここまでで授業を終える。別の日にローラーを使った造形遊びをする。

③インク置き場に新聞紙を敷くなど場づくりをし，ローラーの使い方を知る。（10分）

④一人一人，造形ローラーやスポンジローラーを使って自由に遊ぶ。（45分）

　課題：ローラーを使って面白い模様や使い方を発明しよう。

⑤前時までで体験したスタンプ遊びやローラー遊びの面白い使い方を紹介し合う。（5分）

⑥模造紙のような大きな用紙にグループでローラーを使ったり，前時で使ったスタンプ遊びの道具を使ったりして遊ぶ。（30分）

ポイント

○スタンプ遊びでは4人グループでインクを共用する。赤，青，黄色，緑など，大きめの皿に量をたっぷりと準備する。

○ローラー遊びでは色ごとにテーブルを決めて自由に回りながら活動できるようにする。グループで大きな用紙を使うときは専用のロール紙を使うと吸収がよく扱いやすい。

005

学年：2年　　時間：45分×2時間
準備物：洗濯ばさみ

毎床栄一郎

はさんで ならべて つなげよう
～せんたくばさみを使って～

ねらい

多彩な色の洗濯ばさみを用いて，思いつくままに挟んだり並べたりして活動を楽しむ。また，面白い形や色の組み合わせを生み出す。

学習活動の流れ

①材料や活動の仕方について知る。（7分）
②黒色と白色の洗濯ばさみを使って，造形する。
　（25分）
③できた造形物を鑑賞し，気付いたことを話し合う。（8分）
・色の組み合わせの工夫（白と黒を交互にしたり，白と黒を明確に分けたりしている）
・つなげ方の工夫
④活動について話し合う。（10分）
・この後の活動を，もっと面白くするには，どのようなことが考えられるか，アイデアを出し合う。
⑤新たな造形活動を行う。（30分）

⑥学習の振り返りをする。（10分）

ポイント

○材料となる洗濯ばさみは，できる限りたくさん用意する。
○洗濯ばさみをどんどんつなげていくことができるように，広い活動場所を準備する。
○材料となる洗濯ばさみは，1時では黒色と白色のみを提示し，活動を行う。黒色と白色のみで活動したことからの気付きを生かすために，「もっと面白い活動にするには」どのようなことが考えられるかを子供たちに問う。そうすることで，新たな材料（例えば，色が付いた洗濯ばさみなどといった考えが，子供側から表出される）からの発想が広がっていくであろう。

006

学年：2年　　時間：45分×2時間

準備物：石，ロイロノート

毎床栄一郎

石をならべて，つんで

ねらい

石を並べたり，積み上げたりして造形する中で，石の形や色をもとにできた形を見立てたり，発想したりして活動する。

学習活動の流れ

①石を使って遊んだ経験を振り返る。（5分）

②石を使って，どのような活動をするのか見通しを持つ。（5分）

③たくさんの石を使って，思いつくままに造形していく。（30分）

④友達がつくったものを相互鑑賞する。（7分）

⑤石でできた形の面白さやつくり方の工夫について話し合う。（8分）

⑥鑑賞したり，話し合ったりしたことから得たことや，新たに考えたことなどを生かして造形していく。（25分）

⑦学びを振り返る。（10分）

ポイント

○本実践では，たくさんの石を集めるために，学校の中にある石を子供と一緒に集めたり，近くの河原などで収集したりした。また，一部の小石はホームセンターなどで購入した。自然の素材の材料などは，すぐには集めることが難しい。日常的に収集しておく必要がある。

○造形遊びは，ややもするとねらいからずれた学習活動をしてしまう可能性がある。しっかりと活動の見通しを持たせることが必要である。そのために，①の活動で「石を削る」「石に色をつける」などが出てきた場合には，そのような活動があることも認めつつ，本実践のねらいに迫る活動へと誘っていく。

○安全面については十分に指導する。

○自然材の石が材料であることや発想の広がりを考えて，屋外を活動場所とした。

007

学年：1・2年　　時間：45分×4時間　　準備物：〈室内〉プロジェクター，スクリーン，紙芝居の枠，影にしたら面白そうなもの，〈屋外〉パス，画用紙

小原莉奈

かげのせかいで あそぼう

教師が影遊びをやってみせ，その後はグループに分かれて，影遊びをする。見付けた面白い影を発表し合う。

外で自分が見付けたお気に入りの影の形を写し取り，何かに見立てて作品にしていく。

ねらい

　映った影で遊んだり，影を紙に写し取って見立て遊びをしたりすることにより，身の回りにある形の面白さに気付き，楽しむ。

学習活動の流れ

①様々な影の形を見て，何に見えるか見立て，影に関心を持つ。【みてみてかげあそび】（10分）

②自分たちで様々なものの影づくりを試す。【どんどんかげさがし】（25分）

③教室の中で見付けた影を発表し合う。【わくわくかげはっぴょう】（10分）

④外で見付けた影を画用紙に写し取り，重ねたり組み合わせたりしながら，影の形からイメージを広げて作品にする。【なになにかげさくひん】（90分）

⑤できた作品を互いに鑑賞する。（45分）

ポイント

○導入では，教室で影遊びをするというわくわく感を高めることができるような場づくり（図1参照）を行う。

○影の形から見立て遊びを十分に行うことにより，自由な発想を大切にし，鑑賞と表現が行き来できるようにする。

○影の特性である，時間が経つと「消える」ことから，せっかく見付けた面白い影の形を残すにはどうしたらよいか考え，「写し取って伝えたい」という児童の意欲につなげる。

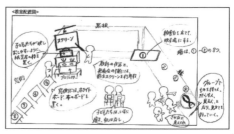

図1　教室配置図

008

学年：2年　　時間：45分×2時間
準備物：はさみ，ひも，マスキングテープ，ロイロノート

安田晶子

おちばとなかよし

絵
立体
工作
鑑賞

ねらい

　落ち葉や木の枝，木の実など自然の材料を集め，その形や色をもとに，つないだり組み合わせたりする造形的な活動を思いつき，楽しむ。

学習活動の流れ

①落ち葉や木の実，木の枝拾いをする。（15分）
②道具と材料を確認して，活動の見通しを持つ。（5分）
③集めた材料でどんなことができるか，教師と発表者との対話を聞きながら考える。（5分）
④集めた材料をつかんだり並べたりしながら，じっくり見たときの感覚や気持ちを大切にして，活動を思いつき，発想を重ねる。（40分）
⑤活動の様子の写真や動画に音声を吹き込みながら，自分の活動を振り返る。（15分）
⑥友達と伝え合う。（10分）

ポイント

○どんなことができそうか，教師が数人と対話することにより，導入で活動のめあてを確かめ，わくわく感を高められるようにする。

○広くて安全な活動場所を確保することにより，友達との交流が活発になりやすい。鉄棒などの遊具が近くにあると，友達と協力して吊るすなど発想が広がることがある。

○活動中に1人1台端末を使って自分で，あるいは友達が，活動の様子の写真・動画を撮影する。

○つくった形を崩しながら活動を進める子供もいる。活動の様子が分かる写真や動画を撮るとき，全員が安心して考えたことを振り返られるよう，声かけをする。

○本実践の後，落ち葉を画用紙に並べて貼り，描きたいものを描く題材に進むと，材料と存分に関わった子供たちは，新たな発想や工夫につなげていくことができる。

009

学年：1・2年　　時間：45分×6時間

準備物：画用紙，絵の具セット，MetaMoJi ClassRoom

古閑敏之

おはなしの絵をかこう
～にじいろのさかな～

児童の作品の変容

フラゴナールの作品「読書する娘」を鑑賞し，絵の背景の明るさを変え，絵の感じ方の違いを話し合った。タブレットで，主役を動かし，隣り合う色の明るさの違いに着目して考えた。

ねらい

「にじいろのさかな」という物語の表したい場面を描く中で，隣り合う色の明るさの違いによる効果を理解し，表現に生かす。

学習活動の流れ

⓪物語「にじいろのさかな」は事前に読んでおく。

①「にじいろのさかな」の描きたい場面を考える。（30分）

②アイデアスケッチを描く。（15分）

③フラゴナールの作品「読書する娘」を鑑賞し，隣り合う色の明るさの違いによる効果を話し合う。（45分）

課題：壁の明るさを変えると，絵はどのように変わりますか。

④表し方を工夫し，画用紙に描く。（135分）

⑤友達の作品を鑑賞し，表し方のよさを認め合う。（35分）

⑥自己評価をし，学習を振り返る。（10分）

ポイント

〇物語の内容の分からないところや不思議に思ったことなどを話し合うことで，話の内容をつかみ，情景を想像できるようにする。

〇描きたいと思うものを記述し，表したい主題を明確にした後に下絵を描く。

〇フラゴナールの作品「読書する娘」の背景の明るさを変えることで，隣り合う色の明るさの違いによる効果を考える。

〇絵の具（やパス）で背景以外を彩色した後，背景を彩色する。

〇友達の作品を見て，隣り合う色の明るさを意識して表現するようにする。

〇振り返りの時間には，「何を学んだか」を書き，学びの足跡として残すことで今後の表現に生かす。

010

学年：1・2年　　時間：45分×6時間

準備物：画用紙，絵の具セット，MetaMoJi ClassRoom

古閑敏之

うれしかったことを絵にしよう

シャガールの作品「時計」を鑑賞し，主役の大きさを変え，絵の感じ方の違いを話し合った。タブレットで，主役の「時計」を拡大縮小できるようにし，対象の大きさに着目して考えた。

児童の作品

ねらい

　自分がうれしかった生活の一場面を描くことを通して，主役の大きさがもたらす効果を理解し，表現に生かす。

学習活動の流れ

①学校生活の中で，うれしかったことを話し合い，描きたい場面を考える。（30分）

②アイデアスケッチを描く。（15分）

③シャガールの作品「時計」を鑑賞し，大きく描くことの効果を話し合う。（45分）

　課題：時計の大きさを変えると，絵はどのように変わりますか。

④表し方を工夫し，画用紙に描く。（135分）

⑤友達の作品を鑑賞し，表し方のよさを認め合う。（35分）

⑥自己評価をし，学習を振り返る。（10分）

ポイント

○入学してからこれまでの出来事を話し合ったり，動作化したりすることで，描きたい情景を具体的に想像できるようにする。

○下絵を描く中で，自分たちの悩みを話し合い，解決を促すようにする。

○シャガールの作品「時計」を鑑賞し，対象の大きさがもたらす効果を考えるようにする。

○大きさに焦点化して考えるために，主役である時計の大きさに着目して考えるようにする。その際，タブレットを使い，大きい時計と小さい時計ではどのような違いがあるか，変化を比べて考えることができるようにする。

○友達の作品を見ることで，大きく表すための多様な表現方法を共有する。

○振り返りの時間には，「何を学んだか」を書き，学びの足跡として残すことで今後の表現に生かす。

011

学年：1・2年　　時間：45分×5時間

準備物：パス，画用紙，ロイロノート，見学旅行で撮影した写真

小原莉奈

どうぶつさんと なかよし
～2－4 どうぶつえん～

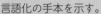

ヒント3
はいいろで、かたそうなひふにおおわれた大きな体をしています。

言語化の手本を示す。

言語化したものを作品に表した様子。

机の上にいすを置き，作品を掲示する。作品が子供の目線の高さになり，自然と集まって鑑賞し合う姿が見られた。

ねらい

　見学旅行で見学してきた動物の思い出をもとに，動物と自分を一緒に描くことを楽しみながら，描きたい場面になるように，形や色を工夫する。

学習活動の流れ

①動物の特徴を表すクイズをして，特徴を捉えて，伝えたり，表したりすることを知る。（5分）

②描きたい動物から，ロイロノートのシンキングツール「ウェビング」で，自分が描きたい動物の特徴やイメージを広げる。（30分）

③パスで画用紙に動物を描く。（100分）

④自分や周り，背景などを描く。（45分）

⑤できあがった作品に紹介文を付け，互いに鑑賞する。（45分）

ポイント

○見学旅行の動物園見学，生活科の授業と国語の

動物クイズの授業，図工の動物の絵の授業等でカリキュラム・マネジメントし，様々な視点から動物と仲良くなれるようにする。

○見学旅行で，動物の写真を撮っておくようにする。

○導入で，動物のクイズをする際に，分かりやすいクイズと，分かりにくいクイズをして比べることで，特徴を捉えて伝えたり表したりすることの意味を知ることができるようにする。

○ウェビングで描きたい動物の特徴やイメージを広げ，言語化しておくことにより，絵を描くときの参考にする。

○特に描きたい特徴やイメージには，印を付けておき，教師と児童で共有できるようにする。

○鑑賞では，「2－4動物園にしよう」などと伝え，いつもの教室の雰囲気と変えて，机の上にいすを置き，作品を掲示して子供の目線に合わせた鑑賞をする。

012

学年：1・2年　　時間：45分×2時間
準備物：Viscuit

中根誠一

いろいろ もよう

ねらい

　プログラミングアプリ「Viscuit」を活用して，思いついた動く模様をプログラムを組んで表現する。

＊本題材は，プログラミング学習と関連しています。

学習活動の流れ

①本時の学習の見通しを持つ。（10分）

②模様を描くために必要な仕組みを知る。（5分）

・Viscuit の絵を描く機能（色，濃淡，タッチ等）について知る。

・模様をつくるための「めがね」と，「めがね」のプログラムの組み方を知る。

③動く模様づくりに取り組む。（60分）

④作品を鑑賞し合い，感想や質問を伝え合う。（10分）

⑤本時の活動について振り返る。（5分）

・本時の活動や鑑賞中に気が付いたこと，感想等を発表する。

ポイント

○「めがね」に置く絵の位置や角度によって模様が変わるため，児童の表現に合わせて，見守ったり声をかけたりする。

○デタラメに「めがね」を並べるのではなく，表現したい模様にするために，意図した「めがね」の組み方ができるように指導する。

○Viscuit は，無料版と有料版によって，活用できる内容が異なるので注意する。

○Viscuit の動く模様づくりでは，「直線運動的な模様づくり」と「円運動的な模様づくり」があるため，必要に応じて工夫の仕方を伝えるとよい。

○ICT を活用した作品づくりでは，何度も簡単にやり直すことができるため，思いついた模様づくりを探究しやすい。

＊本題材は，青野いずみ先生（東大和市立第十小学校）のご実践です。

013

学年：2年　　時間：45分
準備物：ロイロノート

山本　清

はっけん！
かくれんぼモンスター

ねらい

　身の回りのものから「かくれんぼモンスター」を見付ける活動を通して，形や色などから楽しく発想や構想をし，どのように表すかについて考える。

学習活動の流れ

①教師が見付けた「かくれんぼモンスター」を見ることにより，本時のめあてを考える。（5分）

②活動の見通しを持つ。（5分）

・かくれんぼモンスターの見付け方を確認しよう。
　「じっくり見てみよう」
　「目を描き加えればいいんだね」

③かくれんぼモンスターを探し，タブレットで撮影して目などを描き入れる。（30分）
　「この形は，人の顔のように見えるな」
　「手や角も描き加えてみよう」

④見付けたかくれんぼモンスターをロイロノート

上で互いに紹介する。（5分）
　「こんな風にも見えるんだ」
　「本当に生き物に見える！」
　「自分と同じものだけど，こんな見方もあるんだ」

ポイント

○教師が提示するかくれんぼモンスターは「校内放送用のスピーカー」や「コンセント」など，児童に身近な教室内にあるものが望ましい。

○校内全体が活動場所となるため，行ってはいけない場所などの安全上の約束を確認したうえで，活動に取り組む。

○かくれんぼモンスターを紹介し合う場面では，見付けたときに名前も考える指示を出しておくと，さらに発想が広がる。

○「帰宅後，家庭でもかくれんぼモンスターを見付けてみよう」という声かけも，効果的である。

014

学年：1年　　時間：45分×2時間

準備物：プロジェクター，スクリーン，Viscuit

毎床栄一郎

みんなでつくろう！
深海のせかい

ねらい

　プログラミングアプリ「Viscuit」を活用して，自分でイメージした深海に住む生き物を絵に表し，動かす。

＊本題材は，プログラミング学習と関連しています。

学習活動の流れ

①深海に住む生き物のイメージについて話し合う。（10分）

②自分が考えた深海の生き物を絵に表す。（20分）

③動かし方を様々に試してみる。（20分）

・初めて Viscuit のプログラミングをする場合には，動かし方を全体で試していく。慣れていれば，各自で試してみる。

④お互いの作品を鑑賞し，よさや面白さを伝え合う。（10分）

⑤ Viscuit のみんなでつくる機能を活用し，それぞれに深海の生き物を絵に表し，動きを考える。

（20分）

⑥大型スクリーンに投影し，学級みんなで考えた深海の生き物を鑑賞し，学習を振り返る。（10分）

ポイント

○テーマを「深海」とすることで，見たことがない生き物の感じや形や色を自由にイメージできるようにしたい。

○プログラミングアプリ「Viscuit」の使い方については，プログラミング学習の時間内で行う。図画工作で活用する際には，造形的な見方・考え方を働かせながら作品を Viscuit で絵に表したり，鑑賞したりする。

○大型スクリーンが準備できない場合には，TVモニターなどを活用したり，校内でプロジェクターを投影できる場所などを探してみる。

015

学年：1・2年　　時間：45分×2時間　　準備物：粘土，粘土板，のべ棒，糸，へら等，お手拭きタオル，ロイロノート，動画

神崎直人

ねん土でひみつきちをつくろう

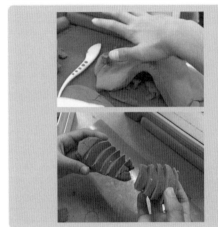
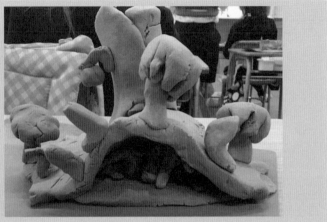

ねらい

　動画を見て，糸やへら等の道具の使い方を学び，様々な表現方法で工夫して，自分だけのひみつ基地をつくる。

学習活動の流れ

①動画（本題材では NHK for School「キミなら何つくる？」を使用した）の冒頭を視聴し，本時の課題をつかむ。（5分）

②ロイロノートに設計図を描く。（15分）

③まず，つくってみる。（15分）

・子供たちがつくり方に困っている場面を見計らい，番組の続きを視聴させる。

④番組後半を視聴する。（5分）

⑤自分で動画を選び，視聴しながら，作品をつくる。（30分）

⑥ロイロノートに振り返りカードを書く。（20分）

・作品の写真も貼り付ける。

ポイント

○冒頭部分に限定して子供に視聴させることで，導入時の学習意欲を持たせる。

○⑤では，粘土の表現方法を学べる動画を子供たちに提供する。個々の課題を解決するために，それぞれが必要な部分を視聴するようにする。

○10〜20cm の糸の両端を持ち，粘土に切り込みを入れると，波の形やジグザグの形の粘土をつくることができる。

○何度も設計図に立ち戻らせ，つくりたいものに近づけるように声をかけたい。

016

学年：1・2年　　**時間**：45分×2時間

準備物：粘土，粘土板，粘土へら，棒，ひも，ロイロノート，iMovie（教師）

小原莉奈

じぶんだけの ひみつの グアナコ

◀自分の考えた「グアナコ」のシンキングツールを見ることで，グアナコの世界を広げる。

共用道具スペース▶

ねらい

　油粘土の感触を味わいながら，「グアナコ」という言葉からイメージを広げて，つくり方を試したり，見付けたりして自分の考えた生き物や動物をつくる。

学習活動の流れ

①粘土遊びを行い，油粘土の特徴や技法を見付ける。（20分）

②「グアナコ」という言葉から，形や住んでいるところなど想像を広げ，ロイロノートのシンキングツール「くまでチャート」でまとめる。（20分）

③①で使った油粘土の技を紹介する。（5分）

④粘土で自分の考えた「グアナコ」を工夫してつくる。（35分）

⑤できあがった作品に紹介文を付け，互いに鑑賞する。（10分）

ポイント

○粘土で自由に遊び，十分に油粘土と関わる時間を取る。

○子供の粘土遊びの様子を写真やビデオで撮影しておき，iMovie で編集して「技」として紹介し，意欲を高める。

○子供の様子を見ながら，「グアナコ」は生き物らしい……というヒントを提示するか決める。

○くまでチャートを互いに見合い，様々な考えがあること，自由に想像して「グアナコ」をつくっていいことを分かるようにする。

○様々な道具が使えるように，教室の中央に，共用道具スペースとして道具をいくつか置いておき，自由に使ってよいことにする。

017

学年：1・2年　　時間：45分×2時間
準備物：画用紙を短冊状に切ったもの，ステープラー

中根誠一

つないで 組んで すてきな形

▲作品の保管例
◀作品づくりをしている様子

ねらい

　短冊状に切った画用紙をステープラーで留めて輪をつくる。輪の材料を中心に材料をつなぎ，見付けた工夫を組み合わせて，思いついたものを表す。

学習活動の流れ

①本時の流れを説明する。（10分）

②輪を組み合わせた作品づくりに取り組む。（65分）

③作品を鑑賞し合い，感想や質問を伝え合う。（10分）

④本時の活動を振り返る。（5分）

・本時の活動や鑑賞中に気が付いたこと，感想等を発表する。

ポイント

○安全指導では，画用紙をステープラーで留める際に，誤って指を挟まないよう指導する。

○30名程度の学級で実施する場合，材料として画用紙を2，3cm幅の短冊状にカットしたものを宅配サイズ100の段ボール1箱分程度用意するとよい。

○本題材の材料は，児童が材料の形や組み合わせに注目できるように白色の無彩色で行っている。

○平面上や半立体，立体的な作品づくりが考えられる。

○学級や学年での共同作品として，学校行事を彩る共同製作で実施することができる。

○共同製作に取り組む際，定点からタイムラプス（低速度撮影）で記録すると学級や学年の造形活動の過程を振り返りやすくなる。

○作品を保管する場合は，材料や作品が軽量のため，教室の後方や天井スペースに保管することができる。

○棒磁石や棒状のものに磁石を付けたものでステープラーの針を簡単に集めて後片付けをすることができる。

018

学年：1・2年　　時間：45分×3時間

準備物：粘土（素焼きできるものでも可），粘土へら，型押しできる模様，カード

村上正祐

はっけん！まほうのつぼ

焼成できる粘土で魔法の壺をつくった。
正月明けにどんど焼きで実際に焼いてみようと投げかけることで子供たちのわくわく感が増した。

ねらい

　魔法の壺があったらどんなことを叶えたいかと投げかけ，自分だけの壺をつくる。図鑑やインターネット上で集めたユニークな壺や土器を鑑賞し，粘土遊びを十分に楽しんで自分だけの壺をつくる。

学習活動の流れ

①魔法の壺から魔法使いが出てきて願いを叶えてくれたというような教師自作のお話を聞く。もし壺があったらどんな願いを叶えてみたいか自由に話し合い，自分だけの壺をつくろうという意欲を持つ。電子黒板に映された面白い形の壺や土器を全員で鑑賞したり，1人1台端末で面白い形や色の壺や土器を探したり鑑賞したりしてアイデアを考える。（20分）

　課題：自分だけの魔法の壺のアイデアを考えよう。

②粘土体操と称して粘土を丸めたり，伸ばしたり，ひもづくりや型押しなどをしたりして十分に粘土に親しむ。（25分）

③粘土で壺をつくる。（45分）

④魔法の壺でどんなことが叶うかお話を考えてカードに書く。ペアやグループで壺を相互に鑑賞し，表し方のよさを認め合う。（35分）

⑤自己評価をし，学習を振り返る。（10分）

ポイント

○面白い形をした壺や土器を全体で鑑賞をさせたり，1人1台端末を使ってその他の楽器の画像を見せたりして，つくりたい魔法の壺の発想を広げさせる。

○乾燥すると素焼き風の風合いになる粘土を使ってもよい。実際に焼成できるのであれば火で焼き上げようと投げかけて意欲を高める。

○振り返りは，「何を学んだか」を書き，学びの足跡として残すことで今後の表現に生かす。

019

学年：1・2年　　時間：45分×4時間　　準備物：折れ曲がるストロー，ティッシュペーパーなどの箱，画用紙，フェルトペン，クレヨン，MetaMoJi ClassRoom

村上正祐

クルッと，ピョコッと，ストローおもちゃ

折れ曲がるストローを組み合わせてクルクルと回る仕掛けをつくる。
その動きから発想を広げて，動いたら面白いものを考え出す。

ねらい

　折れ曲がるストローを上図のように組み合わせて回したり左右に動かしたりすると動きが生まれる。その動きからどんなものが動いたら楽しいかアイデアを出し合い，つくりながら発想を広げる。

学習活動の流れ

①折れ曲がるストローをL字にしたり，2本組み合わせたりしたものを見る。一人一人実際につくって，どんなものが動いたら面白いかペアやグループでアイデアを出し合う。（20分）

②ストローの動きを電子黒板で見ながら，グループで考えたアイデアを出し合う。（25分）
　課題：ストローの動きに合わせてどんなものが動くといいかアイデアを出し合いましょう。

③ティッシュペーパーなどの箱にストローを差し込んで動きが安定するようにつくる。ストローに動物や人間などを付けたり，土台に飾りを付けたりしながらつくる。（90分）

④ペアになって作品を動かしながら1人1台端末のカメラ機能を使って動画を撮影する。動画を電子黒板に映しながら全体で鑑賞し，アイデアやつくり方のよさを認め合う。（35分）

⑤自己評価をし，学習を振り返る。（10分）

ポイント

○回転したり，左右に動いたりするストローの動きにどんなものを組み合わせると楽しい動きになるか考えたりアイデアを出したりさせる。

○コの字型やL字型などを複数組み合わせると，同時に違う動きが生まれる。実際に組み合わせて動かしながら自由にアイデアを考えさせる。

○1人1台端末のカメラ機能を利用して，完成するまでの様子や作品が動く様子を動画で記録してデジタル図鑑としてまとめると，保護者や他の学年の児童に紹介することができる。

O20	学年：1・2年　　時間：45分×4時間　　準備物：鳴き笛（ストローで自作も可），管，ホース，色紙，ビニールテープ，色ペン

村上正祐

ふしぎなラッパ

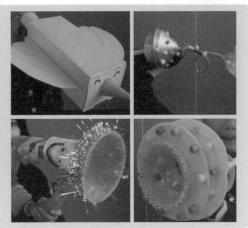

音の出る不思議なラッパをつくって演奏してみようと投げかけ，世界のいろいろな形のラッパを鑑賞して発想を広げ，自分だけのラッパをつくる。

ねらい

　ストロー笛や市販の笛を利用して，実際に音の出る楽器をつくる。図鑑やインターネット上からユニークな楽器を見付けて鑑賞し，楽しいラッパをつくって演奏して楽しむ。

学習活動の流れ

①ストロー笛をつくったり，鳴き笛を実際に吹いたりして，音の出るラッパの楽器をつくって演奏してみたいという意欲を持つ。面白い形の楽器を電子黒板に映して全員で鑑賞したり，1人1台端末で面白い形や色の楽器の画像を探したりしてアイデアを考える。（45分）

課題：自分で吹いてみたい不思議なラッパのアイデアを考えよう。

②音の出る基本の部分をつくる。（20分）

③ラッパの部分をつくる。（70分）

④ペアやグループでラッパを相互に鑑賞し，表し方のよさを認め合う。実際に音を出して演奏を楽しんだり，ラッパを紹介したりするところをタブレットのカメラで撮影する。（35分）

⑤自己評価をし，学習を振り返る。（10分）

ポイント

○製作では最初に音の出る基本形をつくるようにする。実際に音が出ると子供たちの表現意欲も増してくるからである。小さい部分なので，実際につくるところを実物投影機で見せたり，編集したつくり方動画を見せたりする。

○面白い形をした楽器を全体で鑑賞させたり，1人1台端末を使ってその他の楽器の画像を見せたりして，ラッパの形の発想を広げさせる。さらに，子供たちの考えたアイデアをお互いに紹介し対話することで，発想を豊かに膨らませるようにする。

○振り返りは，「何を学んだか」を書き，学びの足跡として残すことで今後の表現に生かす。

021

学年：1・2年　　時間：45分×6時間　　準備物：〈お面土台〉画用紙，ステープラー，ハガキ縦半分くらいの紙，〈お面〉紙粘土，絵の具，ニス，毛糸，身辺材，芯材

村上正祐

願いを叶えるお面

お面を鑑賞してイメージを広げ，画用紙の短冊でお面の土台をつくって自分の願いを貼り付ける。紙粘土で自由に成形して自分だけのお面をつくる。

ねらい

　様々なお面を鑑賞して，自分の願いを叶えたり守ったりしてくれるようなお面のイメージを広げる。お面はセット教材でなく，自分の思いに合わせて土台の大きさや形を好きなように変えて紙粘土を使って成形し，オリジナルのお面づくりを楽しむ。

学習活動の流れ

①お面を鑑賞して，自分がつくりたいお面のイメージのアイデアスケッチを描く。（30分）
　課題：自分の願いを叶えたり守ったりしてくれるお面のアイデアを考えよう。
②画用紙を短冊状に切ったものをステープラーで留めながらお面の土台をつくる。自分の願いを書いた紙を土台に貼り付ける。（60分）
③軽量の紙粘土を使ってお面の顔をつくり，毛糸や身辺材を組み合わせて飾り付けをする。（90分）

④乾燥したお面に絵の具で着色し，乾燥させてニスを塗る。（60分）
⑤ペアやグループでできた作品を見せ合って鑑賞し，表し方のよさを認め合う。（20分）
⑥自己評価をし，学習を振り返る。（10分）

ポイント

○様々なお面を鑑賞してどんな造形要素に関心をひかれたかを話し合う。自分の叶えたい願いや思いをハガキ縦半分くらいの紙に書かせてから，お面のアイデアスケッチを簡単に描かせる。
○画用紙を短冊状に切って用意する。ステープラーで留めながらお面の大きさや大体の形をつくり，土台ができたら願いを書いた紙を土台に貼り込む。お面の裏側に貼ってもよい。
○軽量の紙粘土で自由に成形する。必要に応じて芯材を入れたり，毛糸や身辺材を埋め込んだりして形を整える。

022

学年：1・2年　　時間：45分×2時間

準備物：紙皿，色画用紙，色紙，のり，色ペンまたはクレヨン，ひも，カード

村上正祐

紙ざらのしょうかいにんぎょう

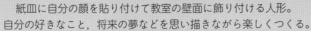

紙皿に自分の顔を貼り付けて教室の壁面に飾り付ける人形。
自分の好きなこと，将来の夢などを思い描きながら楽しくつくる。

ねらい

　自己紹介する人形をつくり，自分の好きなことや将来の夢などをイメージしながら表現する。顔だけでなく体の部分もつくって，好きなものを持ったり，ポーズを取ったりしてイメージを膨らませる。

学習活動の流れ

①自分や友達の好きなこと，将来の夢などを話し合い，自分のことを紹介する人形のアイデアを考える。（15分）
　課題：自分のことを紹介する人形のアイデアを考えよう。
②色画用紙や色紙などを使って，紙皿の中に入る大きさの自分の顔をつくる。帽子や髪型などをつくったり表情をつけたりして表す。（25分）
③自分の体や手足のパーツをつくって何かをしているポーズを取ったり，小物をつくったりして

紙皿に接着する。（40分）
④紙皿の上部に穴を開けてひもを通し，自分を紹介するカードと一緒に掲示する。（10分）

ポイント

○自分の好きなこと，将来の夢を自由に発表させてから自分を紹介する人形をつくろうと投げかける。考えたアイデアをお互いに紹介し対話することで，発想を豊かに膨らませるようにする。
○自分の顔をつくるときは色画用紙で土台の顔や髪型などをつくり，目や鼻などのパーツは別の色画用紙でつくって貼り付けていく。
○顔のパーツに合うような大きさで体の胴体やズボン，スカートをつくり，自分の好きなポーズをいろいろつくってからのり付けをする。
○洋服の模様や好きなものを表す小物，飾りをつくって楽しい感じになるようにする。色ペンやクレヨンなどを使って描き込んでもよい。

023

学年：1・2年　　時間：45分×5時間　　準備物：紙皿，はさみ，のり，折り紙，カメラアプリ，ロイロノート，iMovie，グリーンバック，ひも

神崎直人

いきいき およげ お魚さん

動画はこちら

上：完成動画（参考作品）▶
下：実践後の自主製作動画

◀つくった魚

▼撮影場面　　　　　　▼合成動画編集場面

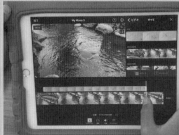

ねらい

身近にある材料を用いて，形や色を工夫して魚をつくり，その作品がアプリ上の背景との合成によってより魅力的な動画に生まれ変わるという楽しさに触れる。

学習活動の流れ

①合成動画（参考作品）を視聴し，自分でつくってみたい作品をイメージする。（5分）

②ロイロノートに設計図を描く。（20分）

③紙皿を使ってつくってみる。 製作1 （20分）

④友達とつくったものを見せ合い，助言をしたり，受けたりする。 アドバイスタイム （10分）

⑤アドバイスを生かし，作品を仕上げる。 製作2 （35分）

⑥合成する魚の素材動画をタブレットのカメラアプリで撮影する。（75分）

⑦撮影した動画を iMovie を使って川の動画と合成，編集する。（45分）

⑧合成動画を見て楽しみ，ロイロノートに振り返りを書く。（15分）

ポイント

○子供が，自分もつくってみたいと意欲を高めることができるように工夫する。

○はさみを使うときの安全指導を行う。

○合成用の動画を撮る際に，グリーンバック（緑の背景布）が必要となる。2m四方以上のものが好ましい。撮影場所として，広い空間を事前に準備することが大切である。

○教師は，巡回しながら子供のよいアドバイスを全体に紹介する。

○動画を撮る役と作品をひもで引っ張る役に分かれて，分担作業で素材動画を撮る。

○終了時，今後もいろいろな動画を撮って，魚の動画と合成させてよいとアドバイスをする。子供の創造的な活用を促す声かけをする。

024	学年：1・2年　　　時間：45分×3時間　　　準備物：画用紙，パス，はさみ，のり，折り紙，ビニールテープまたはひも，クリップ

小原莉奈

チョッキンパッで すてきなかざり

「はさみのれんしゅう」を画用紙に印刷し，教室に飾る作品にする。

折り方を教え合う様子も見られる。壁に入らなかった作品は，模造紙に貼り付けて掲示する方法もある。

ねらい

　紙を切ったり，重ねて折って切ったりする中で，同じ形をつなげたり，くっつけたりすると飾りができることに気付き，切り方や折り方，貼り方を工夫して表現する。

学習活動の流れ

①画用紙にパスで色を塗り，その紙をはさみで切る練習をして，紙の切り方を工夫すると飾りができることを知り，飾りをつくる。（35分）

②教室に飾り，飾った様子を鑑賞する。（10分）

③紙を折り，重ねて切ると，同じ形がつながったり，切り開いたときに様々な模様ができたりすることを知り，飾りをつくる。（50分）

④教室に飾ったり，模造紙に貼ったりして，飾りを鑑賞する。（40分）

ポイント

○はさみの安全指導，使い方指導を丁寧に行い，教師だけの説明で終わらぬように，児童が練習も兼ねて作品づくりに取り組めるようにする。

○様々な切り方で切った飾りをつなげたり，くっつけたりする際には，のりの使い方指導も行うようにする。

○児童が安心して様々な折り方や切り方を試すことができるよう，折り方と切り方の例をいくつか提示しておくようにする。

○貼り方では，重ねて貼ったり，端をくっつけたり，貼る順番を考えたりするなど様々な工夫を紹介する。

○飾りが風に揺れたり，飾りの隙間から光が差し込んだりする様子など，季節や自然などにも目を向けられるような声かけを行う。

○ビニールテープやひもに貼り付けたり，一番上にクリップなどを付けたりすると飾りやすくなる。

39

025

学年：2年　　時間：45分×4時間
準備物：はさみ, のり, 色画用紙, 紙テープ, 工作用紙

毎床栄一郎

つくろう！
わたしのすてきなぼうし

ねらい

材料で扱う紙を, 曲げたりねじったりするなどしていく活動を通して, 自分なりにイメージした帽子をつくる。

学習活動の流れ

①「ミリーからの手紙」を読み, 自分なりの帽子をつくる思いを高める。（10分）

・教師が作成した「ミリーからの手紙」を紹介する。主人公ミリーのように自由に発想する面白さを感じさせる。

②材料である紙の工夫を考える。（30分）

・紙でどのようなことができるか, 試す。

・「ねじる」「つなげる」「まるめる」などして飾り付けができることを全体で共有する。

③自分の帽子に飾り付けをしていく。（50分）

④相互鑑賞し, 友達の作品のよさや面白さを感じ取り, さらにつくりあげる。（70分）

⑤完成した作品を鑑賞することで, お互いのよさ

やがんばりを認め合う。（20分）

ポイント

○本実践は, 国語科で学習した物語「ミリーのすてきなぼうし」（きたむらさとし作）を関連させた。教科書に掲載されていない場合は, 絵本（BL出版）を読み聞かせする。

○低学年の発達段階から, 自分だけでは紙の工夫を思いつかなかったり, いつも同じような方法でつくったりする状況が見られることがある。そこで, ②の活動で試行錯誤させたり, 「ねじる」「つなげる」などしてできたものを掲示したりして共有し, 使えるものにしておく。

○製作過程やつくりあげた段階で作品を鑑賞することで, 友達の工夫や発想の面白さを感じ取らせ, つくる喜びを味わわせたい。

○本実践では, 飾り付け用の帽子は, 教師がつくったものを使用した。

026	学年：2年	時間：45分×4時間	準備物：八つ切りの色画用紙，板目紙，片面段ボール，はさみ，のり，磁石，接着剤，ペットボトルキャップ

岩本紅葉

わくわく♪すごろく

ねらい

色画用紙や片面段ボール，ペットボトルキャップを組み合わせて，遊んで楽しいすごろくのコースやコマを工夫してつくる。

学習活動の流れ

①ペットボトルを土台にして小さな自分の分身のコマをつくる。（30分）

②自分の分身のコマですごろくを行うことを知り，どんなコースをつくるか考える。（10分）

③板目紙に色画用紙を貼り，その上に色画用紙や片面段ボールを組み合わせてコースをつくる。（90分）

④サイコロやルーレットなどコマを進めるための数を決めるものをつくる。（15分）

⑤自分の分身のコマの下に磁石を付ける。（5分）

⑥自分の分身のコマを持って友達のところへ行き，すごろくで遊んで相互鑑賞をする。（15分）

⑦友達と感想を伝え合う。（15分）

ポイント

○作品に思い入れを持ってもらうため，最初に自分の分身のコマをつくるように指導する。

○コマを動かす際には，コマに付けた磁石とは別の磁石をすごろくのコースの下から当てて動かせるようにする。

○片面段ボールは事前に細長く切ったものを児童に手渡す。

○ペットボトルキャップ以外にも，コルクや小さな木片などもコマにすることができる。

○トンネルや階段など立体的なコースをつくっても面白い。

○早めに完成した児童はコマやサイコロを増やしたり，色画用紙をつなげたりしてコースを長くしてよいことを伝える。

027

学年：1・2年　　時間：45分×2時間

準備物：画用紙，はさみ，セロハンテープ，カラーマーカー

中根誠一

おめめをつけて みつけて

ねらい

身の回りのものに，画用紙でつくった「め」を取り付けて，生き物に見立てることを楽しみながら，造形的な見方や感じ方を広げる。

学習活動の流れ

①本時の活動の見通しを持つ。（10分）

・導入時に，いくつか「め」をつくり，身の回りのものに取り付けて，生き物に見立てる活動を紹介し，本時の見通しを持たせる。

②「め」をつくり，身の回りのものに取り付けて見立てる活動に取り組む。（55分）

・活動を記録する際，1人1台端末のカメラ機能を活用する。

③見立てた生き物を鑑賞し合い，感想や質問を伝え合う。（10分）

④本時の活動を振り返る。（5分）

・本時の活動や鑑賞中に気が付いたこと，感想等を発表する。

⑤後片付けをする。（10分）

ポイント

○安全指導として，はさみの使い方や置き方等について指導する。

○教室や廊下等の身の回りのものに注目し，探究できるように声をかける。

○刃物に「め」を取り付けたい児童がいる場合，安全指導と見守りを十分に行う。

○身の回りのものに「め」を付ける活動が難しい場合，1人1台端末で撮影して，写真画像にペイントソフトで「め」を描いてもよい。

○画用紙につくった「め」をまとめさせることで，後片付けも容易になる。

028　学年：1・2年　　時間：45分

準備物：ワークシートまたは MetaMoJi ClassRoom

古閑敏之

絵を見てお話しよう
～桃太郎図番外　鬼ヶ島で築城祭。～

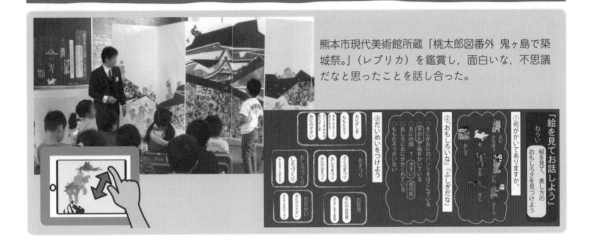

熊本市現代美術館所蔵「桃太郎図番外　鬼ヶ島で築城祭。」（レプリカ）を鑑賞し，面白いな，不思議だなと思ったことを話し合った。

ねらい

　熊本出身の画家，瀧下和之氏による「桃太郎図番外　鬼ヶ島で築城祭。」を鑑賞する活動を通して，感じたことを話したり，友達の話を聞いたりして，形や色，表し方の面白さを感じ取る。

学習活動の流れ

①今日のめあてを決める。（5分）

　めあての例：絵を見て，形や色の面白さを見付けよう。

②絵に何が描かれているかを確認し，気付いたことを話し合う。（5分）

③絵の中で，面白いところ，不思議だなと思ったところを話し合う。（20分）

・個人で考え，ペアで話し合ったあと，学級全体で話し合う。

④この絵がどのような物語か考え，題名を付ける。（10分）

課題：この絵はどのようなお話でしょうか。題名を付けましょう。

⑤自己評価をし，学習を振り返る。（5分）

ポイント

○「何が」「どうしている」かをみんなで話し合うことで，作品に描かれているものを共有しながら，形や色に着目するようにする。

○タブレットで拡大して見ることで，細部の表現の工夫に気付くようにする。

○絵に描かれている状況を話し合う中で，なぜそのように考えたのか根拠を問う。そうすることで，多様な感じ方があることに気付くようにする。

○ペアで話し合う場を設け，一人一人の捉え方を全て認めていくことで，子供同士がその違いに気付き，お互いの個性を尊重できるようにしていく。

造形遊び

絵

立体

工作

鑑賞

43

029

学年：1・2年　　時間：45分
準備物：アートカード，ワークシート

みて，さわって，かんじて
～ちいさな びじゅつかん～

古閑敏之

アートカードから選んだ平面作品9枚セットを
各グループに配る。

ねらい

　アートカード（開隆堂出版の学習指導書より）
の中から自分が好きな作品を見付け，家族に紹介
するための「見て見てカード」をつくる活動を通
して，美術作品に使われている色や形に気付き，
自分の見方や感じ方を広げる。

学習活動の流れ

①アートカードを自由に鑑賞し，今日のめあてを
　決める。（5分）
　めあての例：自分が好きな作品を，友達やお家
　の人に紹介しよう。
②担任の好きな作品の理由を知り，本時の学習活
　動を確認する。（5分）
③いろ・かたちあつめゲームをして，アートカー
　ドを鑑賞する。（12分）
④「見て見てカード」を作成する。（13分）
⑤友達に「見て見てカード」を紹介し，学習を振
　り返る。（10分）

ポイント

○教師が好きな作品の理由をクイズ形式で考える
　ようにし，楽しみながら形や色などの鑑賞の視
　点を広げるようにする。
○見付けた色や形に半透明のシールを貼って可視
　化させることにより，対話を活性化させる。
○自分が見付けた作品のよさが家族や友達に伝わ
　るよう，タブレットで「見て見てカード」を作
　成する。
○「見て見てカード」を友達同士で見せ合う活動
　をすることによって，多様な見方や考え方に触
　れるようにする。
○全体の話し合いでは，同じ色や形でも，それぞ
　れに濃淡や絵のタッチ，鑑賞する側の印象の違
　いがあることに気付かせる。

＊本題材は，椿 恵先生（熊本市立託麻西小学校）のご
　実践です。

030

学年：1・2年　　時間：45分×3時間　　準備物：石けん水，絵の具，ストロー，画用紙，フェルトペン，クレヨン，MetaMoJi ClassRoom

村上正祐

いろいろもようから思いついたよ！

ねらい

絵の具を溶いた石けん水のあわをつくり，画用紙に写し取る活動を楽しむ。乾いたら画用紙のあわの形や模様から何に見えるか見立てて，ペンなどで描き加えて鑑賞会を行う。着目した造形要素からの見立ての違いや面白さを味わう。

学習活動の流れ

①石けん水に絵の具を溶いて混ぜながらストローでぶくぶくとあわを立てて，画用紙に写し取りながら遊ぶ。（45分）

②あわの模様を電子黒板に映し，形や色，模様から見立てて思いつくものを話し合う。（20分）
課題：シャボン玉の模様や形からどんなものが見えてきそうですか。

③フェルトペンやクレヨンなどを使ってあわの模様に描き加える。（40分）

④ペアやグループでできた絵を見せ合って鑑賞し，見立てや表し方のよさを認め合う。（20分）

⑤自己評価をし，学習を振り返る。（10分）

ポイント

○石けん水に絵の具を混ぜてストローでぶくぶくとあわを立て画用紙に写す活動では，ペアで協力して写す活動を十分に楽しませる。色を変えて2～3枚写し取り，十分に乾かしておく。

○画用紙は1～3日ほど乾燥させる。

○石けん水を誤って飲み込まないよう，ストローは2本つなぎ合わせて長くしておくとよい。

○見立ての場面では，思いついたものを出し合ったり，電子黒板に描き込んだりする。模様のどこから思いついたのかを問い返して形や色，模様の特徴に着目させる。

○振り返りは，「何を学んだか」を書き，学びの足跡として残すことで今後の表現に生かす。

＊本題材は，伊豆丸綾乃先生（熊本市立杉上小学校）のご実践です。

031

学年：1・2年　　時間：45分

準備物：東京都写真美術館「色と形と言葉のゲーム」

中根誠一

色・形・言葉（ことば）の広がり

※教材は「色と形と言葉のゲーム」
（東京都写真美術館）

ねらい

「色」「形」「言葉」によって構成されるカード
ゲームを活用し，ゲームを通して感想や意見を交
流する中で，造形的な見方や感じ方を広げる。

学習活動の流れ

①本時の流れを説明する。（5分）

「形・色ゲーム」

・鑑賞活動のマナーを確認する。

・一班8人程度に分かれる。

・「色・形カード」を机の上に並べる。

②カードゲームに取り組む。（30分）

・班から，オヤを1人選び，「言葉カード」から
1枚選び班に紹介する。

・オヤ以外のメンバーは，一斉に自分が思う「色・
形カード」を指さす。

・オヤは，数名のメンバーにカードを選んだ理由
をインタビューする。

※「言葉当てゲーム」にしてもよい。

③本時の活動を振り返る。（5分）

・本時の活動や鑑賞中に気が付いたこと，感想等
を発表する。

④後片付けをする。（5分）

ポイント

○自分が考えた意見や感想について自信を持って
発表できるように，鑑賞マナーを確認し（否定
しない，理由を添えて言う等）発表できるよう
に声をかける。

○黒板や手元に話型の掲示資料があると，意見交
流が活発になる。

○様々な形・色のカードに触れることで，「糸の
こ寄り道散歩」のような木材の切り方の参考に
なる。また，様々な言葉カードに触れることで，
心情を表すような題材の表現をする際の語彙力
を育むことができる。

032

学年：3・4年　　時間：45分×2時間
準備物：画用紙(20×20cm，5×30cm，10×20cm，各500枚)，ワークシート

田村久仁子

かみ・カミ・紙で図工室が大変身！

ねらい

　並べたり，折ったり，積み上げたりした紙の形や色，活動する図工室の感じをもとに，自分のイメージを広げながら，造形的な活動を思いつき，手や体全体を働かせ活動を工夫してつくる。

学習活動の流れ

①めあてと造形遊びについて確認する。（5分）
　「今日は紙を使ってどんなことができるのかをたくさん考えてやってみます。最後には作品は残らず，片付けてしまいます。しかし，みんなが『自分で考えてつくりあげた』という力が残ります」
②正方形と長方形と細長い長方形の3種類の紙を使ってどんなことができるかを実際にやってみる。それが何に見えるかなどを共有し，形からイメージすることを押さえる。（15分）
③図工室の様々な場所の特徴を考える。机の上・床・いすなどの場所でどんな活動ができるかを考えて共有する。（5分）
④並べたり，折ったり，積み上げたりしながら図工室をいろいろな場所に変化させる。（50分）
　　例1：紙をたくさん積み上げてお城をつくる
　　例2：細長い紙を並べて迷路をつくる
　　例3：紙を立てたものを並べて街をつくる
⑤紙の大きさ別に分けて片付ける。（5分）
⑥教師が撮影した写真を見て，どのようなことを考えて，どんなものができたのかを共有する。ワークシートに本時の振り返りを記入する。（10分）

ポイント

○まずはじめに児童一人一人がやってみることで，その後の活動の見通しが持てるようにする。

47

033

学年：4年　　時間：45分×4時間　　準備物：ストロー（透明・色つき），曲がる
ストロー，JIX（ストローをつなぐ道具）

毎床栄一郎

ストローをどんどんつないで

ねらい

ストローをつないでいく活動の中で，造形的な見方・考え方を働かせながら，つくりたいものをつくる。

学習活動の流れ

①透明ストローとJIXを使った活動を知る。（10分）
・JIXのつなぎ方を知り，特徴をつかむ。
②思いつくままに，透明ストローをつないでいく。（60分）
③友達がつくったものを鑑賞し，感想を伝え合う。（10分）
④これからの活動について話し合う。（10分）
・どのような活動ができると，もっと楽しく活動ができるかを考える。
⑤話し合ったことを取り入れた活動を行う。（65分）
⑥相互鑑賞し，感想を伝え合う。（15分）
⑦学習を振り返る。（10分）

ポイント

○「JIX」は，ストローをつないで立体的なオブジェのようなものができるキットである（アメリカのアーティストが発案した教育的キット）。飲用ストローのほとんどに使うことができる。透明，色つき，曲がるストローの全てに対応している。

○コロナの中での実践であったために，子供同士の距離を気にしながらの実践となった（そうでなければ，もっと集団で協働的な活動も生まれたであろう）。④の話し合いで，そのようなアイデアが子供たちから出るかもしれない。本実践では，「色つきや曲がるストローがあると違ったものができて面白そう」などというアイデアが出された。

○「JIX」以外の方法として，クリップを活用してストローをつなぐことができる。

034	学年：4年　　時間：45分×2時間　　準備物：段ボール，段ボールカッター，布，テープ，はさみ，ビニールテープ，三角コーン，ロイロノート

毎床栄一郎

つくろう！ワクワク◯◯ランド

ねらい

　場所の特徴を生かし，様々な材料を用いて活動や造形物をつくりだしていく中で，発想を豊かに広げていく。

学習活動の流れ

①材料の特徴や活動場所について知り，学習を楽しむ意欲を高める。（10分）

・材料は，1カ所にまとめて置いておく。必要な分だけ活動場所に持っていくようにし，使用したら材料置き場に戻すように指導する。

・活動場所，活動する人数などは自分で決めてよいこととする。

②段ボールや布，ビニールテープ，三角コーンなどを用いて，自ら選択した活動場所の感じをもとに，造形していく。（60分）

③つくったもので遊びながら，鑑賞をする。（10分）

④学習を振り返る。（10分）

・自分がつくったものを撮影し，振り返りの視点をもとに記述する。その後，ロイロノートで提出する。

ポイント

○子供たちが豊かに発想できるように，できる限りの材料を準備しておく。段ボールなどはストックしておくとよい。体育倉庫・農具倉庫などに使える材料がある場合がある。

○活動場所については，自然物（木や石など）や遊具などがあると，それをもとに発想を広げていくことができる。

○造形遊びの鑑賞には，つくったものを体感して鑑賞できる面白さがある。つくる中で「遊びながら鑑賞」をしていくとよいであろう。

絵

立体

工作

鑑賞

035

学年：4年　　時間：45分×3時間
準備物：段ボール，段ボールカッター，はさみ，ペン，ひも

小原莉奈

だんボールで 教室をへんしんさせよう
～おばけやしき!?～

つないで大きな箱や部屋をつくって隠れ場所にしたり，トンネルをつくったりして楽しんでいる。

ねらい

　段ボールの特徴を生かして，切ってつないだり，組み合わせたり，形を変えたり，穴を開けたりしながら，身近な材料と場所をもとに「教室を変身させたい」と試す楽しさや思いついたことを実現させる喜びを味わう。

学習活動の流れ

①段ボールの切り方やつなぎ方，接着方法などを確認する。（10分）

②段ボールを大きく切り開いてひもにかけたり，立てたりしたら教室がどのようなイメージになるか試し，話し合う。（10分）

③段ボールで暗く，迷路のようになった教室を見て，「段ボールで教室を変身させよう」という思いを持ち，段ボールに穴を開けたり，組み合わせたり，つなぎ方を変えたり，色をつけたり，自由に活動する。（60分）

④教室をおばけやしきに変身させ，探検グループと待機グループの二つに分け，「段ボールでおばけやしき」を楽しむ。（30分）

⑤活動を振り返り，片付けをする。（25分）

ポイント

○自由な発想ができるように，教室から机やいすは出しておき，自由に活動ができるようにする。

○面白い切り方やつなぎ方をしている児童に，どのような思いがあるのか尋ね，全体で共有する。

○造形遊びの空間に高さが出るように，教室の壁の端から端にひもを渡して張っておき，段ボールを壁のように縦にかけたり，屋根のように横に渡したりする仕掛けをつくっておく。

○天候に左右されずに造形遊びができるため，活動時間をまとめて確保できるようにしておく。

036

学年：3・4年　　時間：45分×2時間　　準備物：画用紙，傘袋，セロハンテープ，ひも（吊るす用），洗濯ばさみ，養生テープ，ワークシート

田村久仁子

空気でつくる○○

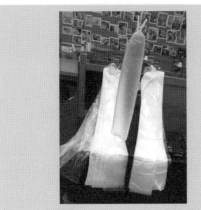

材料を取りやすくする場所の設定

吊り下げや，机やいすなどを使うことで表現が広がる。

ねらい

空気を入れた傘袋をつなげたり，組み立てたりした形や色，活動する図工室の感じをもとに，自分のイメージを広げながら造形的な活動を思いつき，手や体全体を働かせ活動を工夫してつくる。

学習活動の流れ

①めあてを確認する。（5分）

「今日は空気が材料です。でも空気は見えないので，傘袋に入れて，見えるようにします。空気を入れた傘袋をつなげたり，組み立てたりする中でどんなことができるかを考えて活動しましょう。活動場所は図工室です。どこでどんなふうにつくるのかも考えましょう」

②傘袋に空気を入れて，セロハンテープで留める方法を実際に行いながら，クラス全員で確認する。（10分）

③どこでどんな活動をするかを考えながら，場所を決めてつくる。（55分）

・吊るしたり，床に立てたりすることもできることに気付かせ，その都度必要な材料を考えて手渡せるようにする。（例：たこ糸，洗濯ばさみ，養生テープ）

④お互いにつくったものを見合う。（10分）

・発表「○○さんがつくったものの中に入ったらふわっとして気持ちよかったです」

⑤教師が撮影した写真を見て，どのようなことを考えて，どんなものができたのかを振り返る。ワークシートに本時の振り返りを記入する。（10分）

ポイント

○全員で空気を入れる方法を確認することにより，その後の学習がスムーズに進められるようにする。

037

学年：3・4年　　時間：45分×8時間

準備物：画用紙，絵の具セット，Tayasui Sketches

古閑敏之

物語の世界　〜手ぶくろを買いに〜

物語「手ぶくろを買いに」の挿絵の違う二つの絵本を取り上げる。同じ場面だが，描写の異なる2枚の挿絵を比べ，「きつね」の大きさが異なることに焦点を当てた話し合いを行った。

ねらい

物語「手ぶくろを買いに」を読み，心に残った場面の様子や気持ちを想像し，表したいことに合わせて構想を練りながら絵に表す。

学習活動の流れ

⓪物語「手ぶくろを買いに」を事前に読んでおく。

①読んだ感想を出し合い，心に残った場面を選び，何を描くかを決める。（30分）

②アイデアスケッチをする。（15分）

③同じ場面を描いた2人のイラストレーターの挿絵を比べて，表現の工夫を話し合う。（30分）

課題：同じ場面を描いているのに，どうしてきつねの大きさが違うのだろう。

④描くものの大きさを考えてアイデアスケッチを練り直す。（15分）

⑤表し方を工夫し，画用紙に描く。（225分）

⑥友達の作品を鑑賞し，表し方のよさを認め合う。

（35分）

⑦自己評価をし，学習を振り返る。（10分）

ポイント

〇物語の内容の感想や不思議に思ったことなどを話し合うことで，情景を具体的に想像できるようにする。

〇二つの挿絵を見て話し合い，相違点から表現の工夫などを捉えることで，表したいものの大きさをどのように表すか考えるようにする。

〇タブレットに描いていたアイデアスケッチ（黒）を見直し，赤で描き加えることで，描いたものの変化が分かるようにする。

〇心に残った場面の様子や表したいことに合わせて描画材を選び，描くものの大きさや位置を工夫して表すようにする。

〇振り返りでは，「何を学んだか」を書き，学びの足跡として残すことで今後の表現に生かす。

038

学年：4年　　時間：45分×4時間　　準備物：絵の具，ローラー，網，歯ブラシ，ビー玉，ストロー，画用紙，ロイロノート

安田晶子

ミラクルペーパー物語

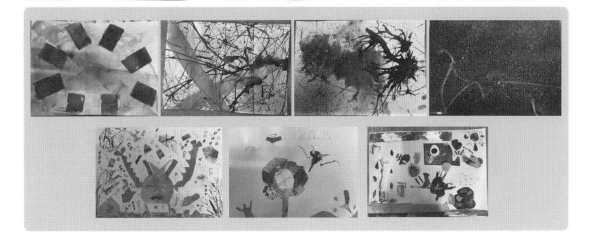

ねらい

幅広い表現方法を試しながら絵の具遊びを楽しむ。さらにその画用紙（ミラクルペーパー）を切ったり並べたりして，貼り絵に表す。

学習活動の流れ

①スパッタリングやデカルコマニーなどのモダンテクニックを使ったり，ローラーやビー玉など様々な道具を選んだりしながら，絵の具遊びを楽しむ。（45分）

②絵の具遊びで描かれた画用紙を「ミラクルペーパー」と名付け，ミラクルペーパーで貼り絵を製作するという見通しを持つ。（2分）

③エリック・カール『はらぺこあおむし』の1場面の絵を鑑賞し，貼り絵への意欲・関心を高める。（5分）

④ミラクルペーパーの切り方や組み合わせ方を工夫しながら，描きたいものを描く。（110分）

⑤学びを振り返る。（10分）

⑥友達と交流する。（8分）

ポイント

○絵の具遊びでは，子供たちが自由に動き回りながら自己選択できる場をつくることで，自然な対話や多様な試行錯誤が生み出され，表現が広がりやすくなる。

○ミラクルペーパーを交換できるコーナーを設けると，造形物を通して仲間の存在を感じる場，他者への共感を高める場にもなる。

○描きたい形に向かって見通しを持って切り始める子供，「まずは適当に切る」と試しの段階にいる子供，見立てから形を切り出す子供がいる。全ての子供が表現の工夫に向かうよう，個に応じた声かけが大切になる。

039

学年：4年　　時間：45分×8時間　　準備物：版木，彫刻刀，版画用インク，ローラー，ばれん，版画用紙，レーザーカッターまたは電動糸のこぎり，マスキングテープ，カラーセロファン

岩本紅葉

とび出せ！3D版画

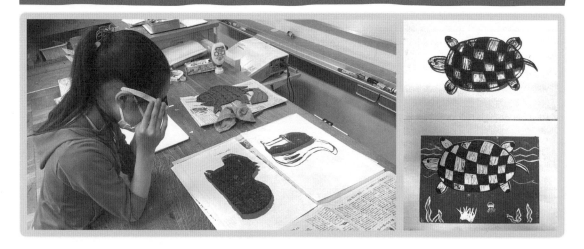

ねらい

　生き物を版木に彫刻刀で彫って工夫して木版画に表す。自分のイメージに合わせて刷り方や重ね方を工夫する。

学習活動の流れ

①木版画に表したい生き物を描き，レーザーカッターで切る。（45分）

②レーザーカッターで切り取られた版木を彫刻刀で彫る。時間に余裕がある場合は周りの版木に背景の絵を描いて彫刻刀で彫る。（180分）

③赤色と青色の版画用インクで版をずらして刷ったり，生き物と背景の版木に別の色のインクをつけて刷ったりする。（45分）

④赤色と青色のカラーセロファンで3Dメガネをつくる。（45分）

⑤3Dメガネをかけて相互鑑賞をして，互いの作品のよさや面白さを感じ取る。（45分）

ポイント

○彫刻刀は両手で持ち，版木の下には版画用の作業台を敷き，けがをしないようにする。

○レーザーカッターがない場合は電動糸のこぎりで生き物を切り取る。

○切り取った版木はパズルのように合わせて裏面をマスキングテープで固定してから彫る。

○版を刷る際には，赤色のインクで刷ってから，青色のインクで刷る。

○赤色と青色が飛び出して見える刷り方以外にも他の色を使ったり，生き物と背景と別の色で刷ったりして，同じ版から生まれる多様な表現を楽しむ。

○展覧会や校内に展示する際には3Dメガネを一緒に置いておき，それをかけて鑑賞してもらう。

＊本題材では，描いた絵をそのまま読み込んで切ることができる Makeblock の Laserbox というレーザーカッターを使用しました。

| 040 | 学年：3・4年　　時間：45分×7時間　　準備物：画用紙，水彩絵の具一式，網，ブラシ，スタンピングの材料（トイレットペーパーの芯・スポンジ等の身近な材料），ビー玉，カラーペンまたはパス，カッター，カッターマット　　　　田村久仁子 |

画用紙のだいぼうけん

イメージゲームをすることにより，形と色を
イメージと結び付けられるようにする。

自分の作品を読み聞かせをする様子

ねらい

　描いた模様からイメージして表したいことを見付けることや，形や色を生かしながら，物語を考えて工夫して表す。

学習活動の流れ

①学習活動について知る。（10分）

　「筆やパス以外の用具を使って，今まで見たことのない画用紙が冒険するような形や線などの模様を描こう」

②「スパッタリング」「スタンピング」「デカルコマニー」などのモダンテクニックを活用して「ぼうけん画用紙」をつくる。（170分）

③「ぼうけん画用紙」を並べて，イメージゲームをする。（30分）

・「夏」の画用紙は？

・「おいしそう」な画用紙は？

・「明日から夏休みの気持ち」の画用紙は？

④イメージゲームによって広がった見方や考え方を生かして，「ぼうけん画用紙」から物語を考える。（15分）

⑤カラーペンやパスを使って描いたり，カッターを使って切り込みを入れたりして自分が考えた物語を表す。（45分）

⑥自分がつくった作品を友達に読み聞かせをする。友達がつくった作品を鑑賞して，どのようなよさや面白さがあるかを感じる。（45分）

ポイント

○はじめに物語をつくることを伝えると，それに合った絵を描く展開になるので，イメージゲームをする時点で伝える。

○イメージゲームをすることにより，形と色をイメージと結び付けられるようにする。また，班で話し合うことによりお互いの見方や考え方を広げられるようにする。

041

学年：3・4年　　時間：45分

準備物：TextileMaker, ロイロノート

山本　清

もようづくりを楽しもう

ねらい

タブレットで模様を描くことにより，形や色，構成の美しさの感じを考えながら，どのように表すかについて考える。

学習活動の流れ

①布や包装紙などの模様を見て，身の回りには連続した模様でデザインされているものがあることに気付く。（5分）

②タブレットと TextileMaker を用いて，模様をデザインする方法について，操作方法を確認する。（5分）

・一つの模様の向きを変えて並べるだけで，模様の見え方が大きく変わることを伝える。

③ TextileMaker を用いて，オリジナルの模様をデザインする。（30分）

・気に入った模様のパターンは，データとして保存するよう伝える。

④お互いの模様を鑑賞し合い，表現の工夫を伝え合う。（5分）

・ロイロノートを用いて，作成した模様を共有し，お互いの模様の工夫や美しさを味わう。

ポイント

○TextileMaker は，指でもタッチペンでも描くことができる。

○座席はグループにし，操作法やアイデアなどで悩んだときに，いつでも友達に相談できるようにしておく。

○デザインした模様を印刷後にラミネート加工し，家族のためのコースターに利用するなど，活動の目的意識を持たせる。

＊Chromebook や Windows タブレットを使用する際には http://textilemaker.html.xdomain.jp で使用することができます。

学年：3・4年	時間：45分×2時間

042

準備物：しわしわの紙，細長い紙，ホチキス，のり，テープ，ロイロノート

古閑敏之

形をあつめて
～紙でつくってみよう～

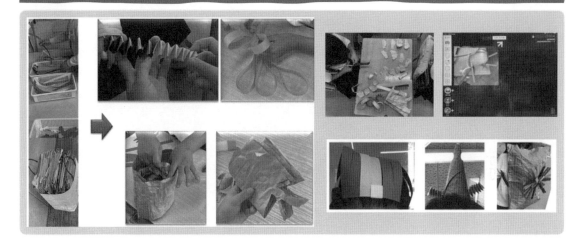

造形遊び
絵
立体
工作
鑑賞

ねらい

　画用紙や袋など身近にある紙材料や紙製品を用いて紙工作をすることを通して，紙の質感の変化や面白さに気付き，表したいものを工夫して表す。

学習活動の流れ

①これまでの図工で紙を使った活動を振り返る。（5分）

②「試しの時間」として，しわしわの紙や細長い紙でいろいろな形をつくる。（15分）

③友達の作品の工夫を取り入れる。（10分）

④それぞれの紙のよさをまとめる。（5分）

⑤どんなものをつくることができそうか考え，アイデアスケッチを描く。（10分）

⑥しわしわの紙や細長い紙等で表したいものをつくる。（35分）

⑦自己評価をし，学習を振り返る。（10分）

ポイント

○十分に活動できるよう，しわしわの紙や細長い紙をたくさん用意しておく。

○「試しの時間」では，あまり時間をかけず，簡単につくる程度とし，教師はその間子供の困り感を把握する。

○ロイロノートを使い，自分が考え出したつくり方を写真で記録し，これからの紙工作での「アイデアボックス」としていく。

○ロイロノートで考えを共有できるようにしておき，友達のつくり方のよさや工夫を交流する場面，自分が困ったことを相談する場面を設定する。

○振り返りでは，「何を学んだか」を書き，学びの足跡として残すことで今後の表現に生かす。

＊本題材は，馬渡宏美先生（熊本市立力合小学校）のご実践です。

043

学年：3年　　時間：45分×2時間　　準備物：8色以上のビニール袋，8色以上の布ガムテープ，はさみ，図工室のいす

岩本紅葉

カラフルファッションショー

ねらい

様々な色のビニール袋やガムテープなどを組み合わせて，色や形を工夫してファッションショーで着てみたい服をつくる。

学習活動の流れ

①様々な色のビニール袋やガムテープを組み合わせてどんな服をつくりたいか考える。（5分）

②ビニール袋をはさみで切ったり，つなぎ合わせたりすることで服の形をつくる。（30分）

③ガムテープをビニール袋に貼って模様や飾りをつくる。（30分）

④つくった服を着て鏡の前に立ち，他につくりたいものがないか考える。（10分）

⑤図工室のいすを廊下に並べてランウェイをつくる。（3分）

⑥つくった服を着て，音楽に合わせてランウェイを自由に歩いたり，ポーズを決めたりして自分のファッションのよさや工夫したところを友達に伝えるファッションショーを開く。（7分）

⑦自分や友達のつくった服のよさや工夫したところを振り返る。（5分）

ポイント

○学芸会や展覧会の装飾で使用した後のビニール袋を使うと，つくり変える楽しさを味わうことができる。

○ビニール袋をはさみで思い通りに切ることができていない児童にははさみの持ち方を確認する。

○Tシャツやパンツ，スカート以外にも冠や杖などの小道具をつくってもよいことを伝える。

○ランウェイを歩く際には児童の心を開放できるようなアップテンポの曲を流す。

○ランウェイの折り返し地点にカメラやタブレットを設置しておき，そこで自分の服のよさが伝わるポーズを決めるように伝える。

| **044** | 学年：3年　　時間：45分×7時間　　準備物：障子紙，花紙，新聞紙，ラップ，ニス，刷毛，筆，板目紙，はさみ，LEDライト |

岩本紅葉

ファンタジーアニマル

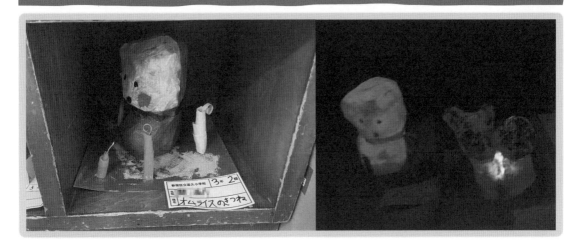

ねらい

　新聞紙，障子紙，花紙を組み合わせて，暗闇で光る不思議な動物の色や形を想像しながら工夫してつくる。

学習活動の流れ

① 暗闇で光る動物をつくることを知り，どんな動物をつくるか考える。（10分）

② 新聞紙で動物の形をつくり，ラップで包む。（80分）

③ 障子紙を手の平より小さいサイズに破り，ニスを使ってラップで包んだ作品に貼り付ける。（90分）

④ 花紙を千切ったり，はさみで切ったりして，色をつけたいところにニスで貼り付ける。（30分）

⑤ 作品を乾燥させ，中身の新聞紙とラップをくり抜く。（20分）

⑥ 板目紙に色を塗ったり，絵を描いたりして，作品を置くための土台をつくる。（45分）

⑦ 作品の中にLEDライトを入れて，暗闇の中に作品を展示して鑑賞する。（20分）

⑧ 明るいときと暗闇に展示したときの作品を撮影して，自分の作品についてまとめる。（20分）

ポイント

○複雑な形の場合は新聞紙をくり抜きにくい。新聞紙をくり抜くのが困難な場合は，一度作品をはさみで切って新聞紙をくり抜いてから再び障子紙で接着するとよい。

○LEDライトは様々な色に光るものが適している。

○micro:bit を使って光らせ方をプログラミングしてみても面白い。

○作品を撮影する際には動画で撮影すると，光の色の違いによって変わる作品のイメージの違いを味わわせることができる。

045

学年：4年　　時間：45分×4時間

準備物：紙バンド，ホチキス，ロイロノート

安田晶子

紙バンドでつくったよ

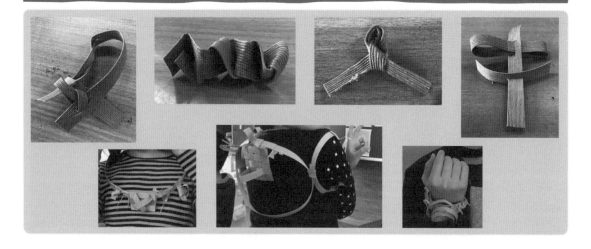

ねらい

　紙バンドを曲げたり折ったりしながら，つくりたいものを発想し，組み合わせ方などを工夫して，身に着けるものをつくる。

学習活動の流れ

①紙バンドを曲げる，裂く，組み合わせるなど，いろいろと試しながら紙バンドの特徴を捉える。（43分）

②紙バンドの特徴を生かして，身に着けるものを製作するという見通しを持つ。（2分）

③紙バンドの組み合わせ方やつなぎ方などを工夫しながら，身に着けたいものをつくる。（90分）

④友達と作品を見合いながら，作品のよさを見付ける。（35分）

⑤学びを振り返る。（10分）

ポイント

○試行錯誤しながら工夫を重ねていけるよう，紙バンドは，十分な量を確保する。

○製作課題を身に着けるものに限定するか，別のものにするか，制限しないかは，学級の実態に合わせて判断する。

○紙バンドの特徴をロイロノート上でまとめて児童に配付することで，表現活動中でも，活用したい紙バンドの特徴を振り返ることができるようにする。

○鑑賞では，紙バンドの特徴をどのように生かしているかという視点を持って，友達の作品のよさを見付けられるようにする。

学年：4年　　時間：45分×4時間
準備物：紙粘土，絵の具，粘土板，構想カード

046

西尾 環

ここにいるよ，すてきな住人

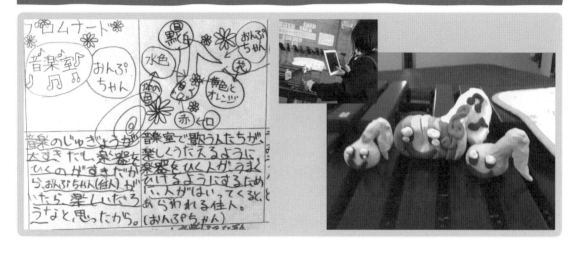

ねらい

身近な場所にいそうな「住人」を想像し，形や色，接合を工夫しながら紙粘土で住人をつくる。

学習活動の流れ

①参考作品の写真を鑑賞し，場所から住人を想像する楽しさや，それを見る楽しさを知り，学習の見通しを持つ。（15分）

②自分で選んだ場所の雰囲気に合わせて住人を発想する。可能ならば，実際にその場所に行って考える。（30分）

③場所から考えた住人を，紙粘土に色を混ぜながらつくる。（90分）

④場所にキャラクターを置いて数枚撮影し，活動を振り返る。（45分）

ポイント

○導入で，子供が面白さを感じ，気付き・疑問が湧き起こるような作品を用意する。それを大型モニターに映し出して見せる。

○写真は，置き方の向きや背景の色が異なるもの数枚を用意し，形や色の組み合わせによるイメージの違いに気付くようにする。

○選んでよい場所は，安全上，学校内に限る。

○構想カードには「なぜその場所なのか」「どのような住人をつくろうと思っているのか」を書いてイメージを持たせる。

○紙粘土は，伸びがよいものを選び，着色は，粘土に混ぜても筆で塗ってもよいことにする。ただしそれぞれの方法のメリット・デメリットについて，事前に確認をしておく。

○撮影は1人1台端末で行うようにする。その際に特別教室などは，必要に応じて休み時間などに撮影するようアドバイスをする。

○振り返りでは，自分なりに思い通りにつくることができたか考えるようにする。

O47

学年：4年　時間：45分×2時間　準備物：陶芸用粘土（信楽粘土の白），粘土板，へら，切り糸，歯ブラシ，雑巾，布，ポリ袋，木づち

西尾　環

友達と，ほってけずってくっつけて
～ねん土でわくわくランド～

ねらい

　手を十分に働かせて，へらなどの道具を適切に扱い，友達と一緒に粘土を掘ったり削ったりくっつけたりしながら，表したい「わくわくランド」をつくる。

学習活動の流れ

①土粘土と出会い，手や道具を使って，共同で何か形をつくることを知る。（5分）

②3～4人のグループで土粘土の塊に触りながら，掘ったり削ったり，くっつけたりする。（15分）

③形が変わった土粘土を見て，各グループのテーマを決め，具体的なアイデアや分担を話し合う。（10分）
「みんながわくわくするようなランドをつくろう」
「ぼくは穴を掘って入り口をつくるよ」
「私は，くっつけて滑り台」

④グループで協力して作品づくりを行う。（50分）

⑤作品を写真に撮り，工夫したことやよかった点を話し合う。（5分）

⑥他のグループの作品を見て楽しむ。（5分）

ポイント

○粘土は陶芸用を使う。塊でグループに与える（1グループ5kgほど）。

○芯材は使わない。へらや切り糸は基本を教え，全員が体験するようにする。

○固まりやすいので一気につくった方がよい。途中で少し固まったら手に水をつけながら製作する。

○テーマに「わくわくランド」と示し，子供が具体的に考えるようにする。

○鑑賞後は，厚めのポリ袋に入れて木づちなどで叩いて崩して小さな塊にし，水につけておくと再利用できる。不要になれば自然に返しても害はない。

048

学年：3年　　時間：45分×4時間

準備物：木材，長板，釘，金づち，輪ゴム，ビー玉

毎床栄一郎

みんなでくぎ打ちトントン

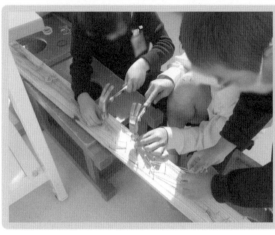

ねらい

金づちを使って釘を打つ活動をする中で，友達とコース（釘を打つ位置）を考えながら工夫してつくる。

学習活動の流れ

①金づちを使って釘を打つ。（15分）

・どのような打ち方をすると，釘が打ちやすいかを考えながら打つ。

②木材に釘を打って作品をつくる。（60分）

③作品を鑑賞し，感想を伝え合う。（10分）

④学習を振り返る。（5分）

⑤グループでの活動について知る。（10分）

・長板に釘を打ってコースをつくる。

・釘と釘の間隔が大きなところには，輪ゴムをかける。

・ビー玉を転がして，転がり方を確かめながらコースをつくっていく。

⑥グループで協力しながら，釘を打ってコースづ

くりをする。（50分）

⑦みんながつくったコースを楽しむ。（20分）

⑧学習を振り返る。（10分）

ポイント

○安全な使い方を指導する。

○個人の活動を2時間，グループでの活動を2時間とする。個人の活動では，自分の作品をつくり，グループの活動では，ビー玉転がしのコースを，釘を打ってつくるようにする。

○長板は2mほどで，グループは4人程度で行うのが活動するうえでも適切である。

○コースをつくる（釘を打つ）際には，ビー玉を転がして試しながら打たせる。そうすることで，グループみんなで話し合い，アイデアを出し合いながら活動することができる。

○コースが完成したら，みんなで楽しむ時間を設定することで，つくる楽しみを味わうことができる。

049

学年：3年　　時間：45分×7時間　　準備物：空き箱，トレイ，竹串，ストロー，カップ，厚紙，色用紙などの材料，テープ，きり，はさみ，のり，接着剤，うちわ，ペットボトルのふた

西尾　環

走れ，ウインドカー

動画はこちら

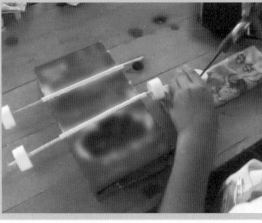

ねらい

　身近な材料を使って，風を受けて進む車を工夫してつくり，それを使って遊びながらさらに改善してよりよいものにしようとする。

学習活動の流れ

①参考作品のムービーを見て，ウインドカーを走らせる面白さを感じ取り，身の回りの材料でつくっていることに気付く。（10分）

②作品の写真を見たり，話し合ったりしながら，具体的にどのような材料を集めたり準備したりすればよいか考える。（35分）

③集めた材料をもとに，自分がつくりたいウインドカーを考え，設計図を描く。（45分）

④タイヤづくりから始め，車体，風受けなどをつくりウインドカーを製作する。（180分）

⑤うちわなどを使ってウインドカーを走らせて楽しみ，改善して仕上げる。（30分）

⑥学習を振り返り，学びを確認する。（15分）

ポイント

○児童がつくったウインドカーで遊ぶ映像は，以下にある（https://www.youtube.com/watch?v=PBXN0IeKuxg）。また，同サイトには映像を見せて気付きを出し合う導入の授業映像や作品スライドショー，製作の様子の映像もあるので活用したい。

○2時では，あえて欠陥のある車を準備して提示し，走るための工夫に気付かせる。

・車軸が直接車体に貼り付いている。

・車輪が丸くなく，不格好。

・風受けが小さ過ぎる。

○ペットボトルのふたにきりで穴を開けて竹串を通したものが走りやすい。しかし，児童が考えた手づくりタイヤの工夫のよさも大いに認め，決してスピード競争が目的でないことを伝える。

050

| 学年：3・4年 | 時間：45分×7時間 | 準備物：芯になる材料（発泡スチロールトレイ，カップ，ペットボトルなどの廃材），液体粘土，水彩絵の具一式，緩衝材，カラーモール，副材料（ストロー，段ボール，爪楊枝，毛糸綿など） |

田村久仁子

ドロドロカッチン
～ほわさんから見てみると～

液体粘土の感触を楽しみながら，芯材にのせて固める。

ねらい

　液体粘土を染み込ませた形からイメージした作品を工夫してつくる活動を通して，材料や用具を適切に行い，手や体全体を十分に働かせ，表し方を工夫して表す。

学習活動の流れ

①学習活動を知る。（10分）
　「ドロドロの液体粘土を固めた形が何に見えるかを考えて，色を塗ったり材料を組み合わせたりしてつくります。『ほわさん』(キャラクター)がみんなの仲間になって一緒につくっていくよ」
②廃材（食品トレイ，カップなど）を組み合わせて芯になる形をつくる（芯にはビニール袋やラップをかけておく）。（35分）
③布に液体粘土を染み込ませ，かぶせる。（30分）
④「ほわさん」を緩衝材とモールでつくる。（15分）
⑤1週間ほどして乾いた液体粘土を芯から外す。

⑥乾いた液体粘土の形を様々な角度から見て，何に見えるかを考える。このとき前時につくった「ほわさん」を様々な部分に置くことによりイメージが広がる。（30分）
⑦イメージに合わせて水彩絵の具で色を塗る。（60分）
⑧作品のイメージに合わせて副材料を加えて工夫して表す。（90分）
⑨お互いの作品を見合う。（45分）

ポイント

○液体粘土を染み込ませる布は薄手のものにする（厚手のものだと乾燥しづらいため）。
○水彩絵の具を塗ったときには児童それぞれが作品へのイメージがあるので，次時までにどのような副材料が必要かを考えさせて，用意できるようにする。教師側でもいくつか材料を用意することで，様々な工夫を考えられるようにする。

| 051 | 学年：4年 | 時間：45分×5時間 | 準備物：市販の製作キット（紙粘土，絵の具，台紙等），木工用ボンド，その他材料（綿やモール等），Clips |

神崎直人

本からとび出した物語!!

こわれた
千の楽器

ねらい

　紙粘土を用いて，色や形を工夫して紹介したい物語の一場面を再現し，アプリを活用して動画で表現する。

学習活動の流れ

①題材について知り，物語を選ぶ。再現したい物語は，これまでに学習した国語の物語や読んだことのある本から選ぶように伝える。（5分）

②ロイロノートに再現したい物語の一場面を書き，登場するキャラクターも設計する。（15分）

③絵の具で着色した紙粘土を組み合わせるなどの工夫をして，キャラクターをつくる。（80分）

④再現する場面の背景を製作する。（70分）

・再現する場面を絵の具で塗ったり，飾りを付けたりして，作業を進める。

⑤キャラクターを背景台紙に配置して，Clipsで撮影と編集をする。（45分）

・アプリを起動して，短い動画を何度か続けて撮影する。再現する場面の朗読をしたり，文字を挿入して登場人物を紹介したりする作業を，短い動画に切り分けて行うことで，それらの動画が自動でつながり，完成する。いろいろな文字挿入機能を使って，動画の題名や登場人物紹介を華やかに演出するとよい。

⑥ロイロノートに振り返りを書く。（10分）

ポイント

○アプリはClipsを使用した。これは，短い動画をつなぎ合わせたり，何度も撮り直したりと，簡単に編集をすることができる。さらに，様々なエフェクトを駆使すれば，華やかな動画に大変身する。

052

学年：4年　　時間：45分×6時間　　準備物：様々なペットボトル，紙粘土，飾り，
B4判程度の土台用の白い段ボール，蛍光絵の具，ブラックライト

小原莉奈

ゆめの世界のゆめの家
～ゆめのたくなんタウン～

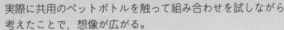
実際に共用のペットボトルを触って組み合わせを試しながら
考えたことで，想像が広がる。

ねらい

　ペットボトルと紙粘土を使って，組み合わせ方
や飾り方を工夫し，イメージを広げながら住んで
みたい夢の家を立体に表す。

学習活動の流れ

①ゆめの家について想像し，つくりたい夢の家を
　絵で表す。（45分）
②ゆめの家のイメージをもとに，ペットボトルの
　置き方や組み合わせ方，切削や接続の仕方を考
　え，土台をつくる。（90分）
③ゆめの家の装飾を考え，紙粘土や材料で飾り付
　け，着色をする。（90分）
④個人のゆめの家を集めて，一つの町にし，互い
　の作品を鑑賞し合う。（45分）

ポイント

○様々な大きさ，形のペットボトルを教師と児童

で1ヶ月ほど前から集めておくようにし，教室
に置いておくことにより，児童がペットボトル
と十分に親しむ時間をとっておく。
○導入では，教師の不完全なゆめの家の作品を提
　示し，「自分だったらゆめの家をもっとこうす
　るぞ」という児童の意欲を高め，十分にゆめの
　家の想像が膨らんだ頃に，教師の改善参考作品
　を提示し，自分に必要なヒントを感じ取れるよ
　うにする。
○B4判程度の白い段ボールを土台として準備す
　ることで，ゆめの家の周りとして想像が広がる。
○個人の土台があることで，それぞれのゆめの家
　の土台をつないで，一つの「ゆめのたくなんタ
　ウン」にすることが可能になる。
○蛍光絵の具を着色に使うことにより，ブラック
　ライトと暗幕を準備して照らすと，夜のゆめの
　家の鑑賞もでき，みる視点を変えることができ
　る。

053

学年：4年　　時間：45分×6時間

準備物：画用紙，色画用紙，カッター，はさみ，折り紙，ペン

小原莉奈

飛び出すハッピーカードで気持ちを伝えよう

飛び出すパターンの仕組みをいくつか知り，試すために分かりやすく掲示しておく。

ねらい

　伝えたい思いをもとに，渡す相手の気持ちを考えながら，形や色，飛び出し方などの表現の仕方を工夫し，開くと飛び出す仕組みのカードをつくる。

学習活動の流れ

①参考作品（お店の商品等）を見て，カードには，誕生日を祝うものや感謝を伝えるものなど気持ちを伝える役割があることを知る。（10分）

②複数の作品を見比べ，形や色，飛び出し方が違うことに気付く。（10分）

③飛び出すカードを誰に対して，何を伝えるためにつくるか考え，計画を立てる。（30分）

④飛び出す仕組みをいくつか知る。（20分）

⑤飛び出す仕組みを試しにつくり理解する。（25分）

⑥本番のカードを画用紙でつくり，飛び出す仕組みや形，色を工夫してつくる。（130分）

⑦互いに飛び出すカードを紹介し，鑑賞した後に渡したい相手にカードを渡す。（45分）

ポイント

〇様々な形，色，飛び出し方の飛び出すカードを用意しておくようにする。

〇誰に何を伝えるか決められない児童には，学校行事と関連付けて，行事の招待状をつくってはどうかと助言をする。

〇はさみとカッターナイフを用途に応じて使い分けられるよう，指導を行う。

054

学年：4年　　時間：45分×7時間　　準備物：工作用紙，厚紙，接着剤，ビー玉，クリップ，洗濯ばさみ，カラーペン，はさみ，定規

西尾　環

コロコロためしてつくって

動画はこちら

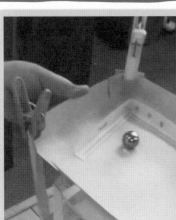

ねらい

　工作用紙などを使って，どのような仕組みにすればビー玉がうまく転がり楽しい迷路になるか，試しながら考え，形や仕組みを工夫してつくる。

学習活動の流れ

①ビー玉を転がして遊ぶ楽しい立体迷路をつくることを知り，めあてを持つ。（5分）

②工作用紙で基本的な形を試作し，折り方・曲げ方・接着の仕方の基本的な技を経験する。（40分）

③ビー玉を転がしながら，どのような立体迷路にするか大まかに考え，構想を練る。（45分）

④「つくりながら試す，試しながら考える，考えながらつくる」を繰り返し，友達とも対話しながら自分の作品を製作する。（180分）

⑤完成した立体迷路を互いに交換し楽しく遊び，面白さを発見して，仕組みのよさを伝え合う。（45分）

ポイント

○導入では，簡単な仕組みの教師自作の参考作品か，ビデオを見せる（上部二次元コードの動画参照）。

○試作は4人グループで行う。グループに1枚の工作用紙を与える。そこには一辺10cm四方の正方形＋2cmの枠付きの図を2個（底面）と，幅4cmで高さ15cmほどの長方形で真ん中に折り目線入りの図を4個（柱），事前に描いておく。

○紙の折り方（はさみの先や定規の活用），接着剤の付け方と留め方（クリップ，洗濯ばさみの使用）は指導する。

○構想後，個人製作に入ったら活動は児童に委ね，教師は仕組みを聞いたり，製作途中で迷路を楽しみながら質問をしたりする。

○製作及び鑑賞（迷路遊び）で互いの交流を推奨し，対話におけるヒントや相互称賛が出るようにしたい。

69

055

学年：3・4年　時間：45分×12時間　準備物：棒材(約1m)，MDF合板(約30×45cm)，釘(32mm等)，のこぎり，金づち，ペンチ，木工用接着剤等

中根誠一

くぎうちハウス

ねらい

　自作の釘打ち人形「くぎうちさん」が楽しく過ごすことのできる家を想像し，材料の切り方や組み合わせ方を工夫してつくる。

学習活動の流れ

①本題材の見通しを持つ。（10分）

②釘打ち人形「くぎうちさん」をつくる。（30分）

・のこぎり，釘，ペンチ，金づち等の木工用具の安全な使い方を学ぶ（文科省資料：https://www.mext.go.jp/a_menu/shotou/zukou/index.htm）。

③「くぎうちさん」が楽しく過ごすことのできる家を想像してアイデアスケッチする。（15分）

④材料を切り分けて，家を組み立てたり，着色したり，飾り付けをしたりする。（465分）

⑤鑑賞タイム。（15分）

⑥本題材を振り返り，学習したことや鑑賞中に気が付いたこと，感想等を発表する。（5分）

ポイント

○木工用具については，運び方，持ち方，使い方，置き方等を丁寧に安全指導する。

○「くぎうちさん」の目線に合わせて，身の回りのものを見ると，材料を見立てて活用しやすい。

○家の形ができた児童から，着色をしたり，家具や遊具を考えてつくるとよい（外装→内装）。

○木材の端材は，学校で保管し，必要に応じてリサイクルできるようにするとよい。

○家庭から材料を持ち寄る場合，家具や遊具等，そのまま置くものではなく，材料を組み合わせてつくったものを置くとよい。

○必要に応じて，作品を着色するためのアクリル絵の具や顔料系カラーペン，コンテパステル等を用意するとよい。

056

学年：3・4年　　時間：45分

準備物：鑑賞カード，ワークシート

村上正祐

アートカードであそぼう！

ねらい

アートカードを鑑賞することを通して，造形的なよさや美しさに気付いたり，美術館や街中の造形物に興味を持ったりする。

学習活動の流れ

①アートカードを電子黒板で見ながらアートクイズを楽しみ，本時の活動の流れを知る。（7分）

②グループやペアでアートカードを使って活動する。（30分）

・音あてゲーム：担任が言った音や声（「モーモー，ポワーン」など）を聞いて，どのカードか考えて指を指す。カードのどこからそう思ったのかを発言する。

・音あてクイズづくり：タブレットにアートカードを取り込み，選んだカードについて考えた音や声を書いてクイズをつくる。2〜3問つくったらペアやグループで出し合って楽しむ。

③本時の学習を振り返る。（8分）

ポイント

○アートカードは，指導書付録だけでなく美術館が製作しているカードも活用する。

○アートカードを経験していない学級では，「アートしりとり」を体験させておくとよい。例えば，3〜4人のグループをつくり，カードを1枚選び，造形的な特徴が似ていると思うカードを選んで理由を言い，みんなが納得したら横に並べる（「黄色の色がたくさん使われているのが似ています」）。次の人は，前の人が選んだカードと造形的な特徴が似ている別のカードを選び，みんなが納得したら横に並べることができる。これを繰り返し，たくさん並べた枚数をグループで競って遊ぶ。

＊本題材は，村田玲奈先生（熊本市立飽田南小学校）のご実践です。

057

学年：3・4年　　時間：45分

準備物：ミライシード（オクリンク）

田村久仁子

一緒に見よう！感じよう！
～この町に住む画家の作品鑑賞を通して～

手元の端末で見ることにより，絵の細部まで
見ることができるようにする。

学芸員の方とオンラインでつながることで
美術館の作品を身近に感じられるようにする。

ねらい

学区にゆかりのある3人の画家の作品を鑑賞し，その絵の中の世界について考えたり，友達同士でお互いの考え方を知ったりする中で，作品の見方や感じ方を広げる。

学習活動の流れ

①学習活動について知る。（5分）

「画家さんが描いた美術作品を鑑賞します。面白いところ，不思議なところなどを見付けて，みんなと話し合ってみましょう」

②美術作品について考え，端末で書いて提出する。（10分）

「この2匹のねずみさんはどんなことをしているかな？」

③提出された友人の考えを読んで，そこから「自分の考えと違う」「なぜそう思ったのかを知りたい」など，考えについてリアクションする。

（10分）

④リアクションが多い3〜4人の児童の「どこからそう思ったか」を聞き，お互いの見方や考え方を知る。（10分）

⑤オンラインでつないでいる学芸員の方に絵についてのお話を聞くことで，作品への見方や感じ方を広げる。（10分）

ポイント

〇事前に学芸員の方と「どんな作品をどうやって鑑賞すればよいか」などを打ち合わせをし，作品から様々なイメージを広げられるような授業展開をできるようにする。

058

学年：4年　　時間：45分×2時間

準備物：紙粘土と絵の具でつくった立体の住人（題材046の作品）

西尾　環

みんなの住人，ここがすてき

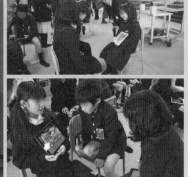

ねらい

　場所から想像してつくった住人（キャラクター）を場所に置いて撮影した写真をお互いに見せ合い，形・色のよさや組み合わせの面白さを感じ取り，作者の表したいことを考える。

学習活動の流れ

＊本題材は「046 ここにいるよ，すてきな住人」の続きの鑑賞場面をひとつの鑑賞題材として取り上げた内容です。

①鑑賞の視点を学ぶ。（15分）

②「場所＋住人」の写真から鑑賞会に使うものを選び，簡単に紹介の練習をする。（30分）

③タブレットを持って集まり，少人数グループをつくって，相互鑑賞会を行う。（35分）

④活動を振り返る。（10分）

ポイント

○本題材で鑑賞する作品とは，「紙粘土でつくった住人と場所を組み合わせて撮影した写真」という捉え方であることを伝える。

○導入では，視点に「形や色のよさ」「場所と住人の組み合わせの面白さ」があることを扱う。また，置き方，向き，位置に，撮影者の意図があることを考える場を持つ。

○撮影し直したい申し出がある場合は，許可する準備をしておく。

○写真の鑑賞会でも，立体の住人を教室（図工室）に並べて展示しておく。

○鑑賞会は3人程度のグループにする。「製作者の簡単な作品紹介→鑑賞者の気付きや質問」という流れを示す。なるべく鑑賞者側が発言を多くし，対話が進むようにする。

○全員の作品（紙粘土と場所の組み合わせの写真）を教師の方で集め，スライドショーにして最後に一斉に見せることで，全員鑑賞となる。これを行うと，学級の中で思わず歓声が湧き起こって盛り上がる。

| 059 | 学年：3・4年　　時間：45分×8時間 |
| | 準備物：画用紙，絵の具セット，MetaMoJi ClassRoom |

絵から聴こえるすてきなメロディ

古閑敏之

マネの作品「笛を吹く少年」からどんな音色が聴こえてきそうか話し合い，背景の色を変えたらどうなるか，タブレットを使って確かめる。

ねらい

音楽会や音楽でがんばった姿を描く中で，絵からどんな音が聴こえるか形や色の工夫を感じ取り，自分の表現に生かす。

学習活動の流れ

①音楽会で心に残っていることを話し合い，描きたい場面を想起する。（20分）

②タブレットで楽器を演奏している自分（友達）を写真に撮り，どのように描き表すかを考える。（25分）

③下絵を画用紙に描く。（45分）

④タブレットで，マネの作品「笛を吹く少年」の背景に，別の色の背景を当てはめ，その違いを話し合う。（45分）

　課題：背景を変えると，絵の感じ方（聴こえる音）はどのように変わるだろうか。

⑤表し方を工夫して描く。（180分）

⑥友達の作品を鑑賞し，表し方のよさを認め合う。（35分）

⑦自己評価をし，学習を振り返る。（10分）

ポイント

○音楽会で演奏したことを話し合い，どのように描くとよいか考えを共有し，めあてにつなげる。

○背景は必ずしも現実の世界でなければいけないというものではなく，表したいことが表せるように工夫して描いてよいことを確認する。

○マネの作品「笛を吹く少年」を鑑賞し，背景の色がもたらす効果を考えるようにする。その際，タブレットで背景の色を変更しながら，「聴こえてきそうな音」に焦点を当てて考えるようにする。

○振り返りは，「何を学んだか」を書き，学びの足跡として残すことで今後の表現に生かす。

060

学年：5年　　時間：45分×2時間

準備物：ビニール（ポリエチレン）テープ，はさみ，テープ

西尾 環

風を感じて，つかまえて
～レインボーがゆれる教室～

動画はこちら

造形遊び

絵

立体

工作

鑑賞

ねらい

　教室の窓などで，体で風を感じながらテープを使って風をとらえ，試したり話し合ったりして，風の表し方を思いついてつくり，風の動きを楽しむ。

学習活動の流れ

①風を体感して感じたことや思ったことを出し合い，めあてを持つ。（5分）

　「テープで風をつかまえて風を感じる教室にしよう！」

②場所（教室の窓），自然（風），材料（ビニールテープ7色）と道具（はさみ，テープ）を利用することを確認する。（2分）

③つくるときの工夫の視点を簡単に出し合う（形，色，長さ，太さなど）。（3分）

④グループごとに場所を決め，自分で試したり，友達と話し合ったりしながらつくる。（70分）

⑤その場でテープの動きを見ながら風を感じたり，撮影して楽しみ，活動を振り返る。（10分）

ポイント

○できれば風の強い日（時間）に実施する。難しければ暑い日に扇風機などで風を当てて，風を体感させてからスタートするとよい。

○軽いものを風にのせ，「風を見る」「風を表す」ことができると気付くようにする。

○はさみは中央テーブルで使用する，窓の高いところには足をかけないなど，安全に気を付けた場の設定や声かけをする。

○新たな視点を作成途中の活動から取り上げる（例：結び，つなぎなど）。

○風を楽しむため，しばらくそのままにしておき，日によって変わることも感じ取る。

○撮影するとき，「スローも使ってみたら？」と呼びかけると，映像の面白さと，風の見方，感じ方に違いがあることに気付くようになる。

○教室以外（屋外）でも実施可能だが，その場合は学校全体への周知やお願いが必要となる。

061

学年：5年　　時間：45分×2時間　　準備物：身の回りの道具（人形，食器，文房具，おもちゃ，布，紙など），まな板立て，Zoom，KOMA KOMA，ロイロノート

家でもチャレンジ！コマどりアニメ

西尾　環

動画はこちら

12t枚の写真をつかって作りました

ねらい

家庭での身近な材料を使って，タブレットのアプリでコマ撮りし，自分で表したいストーリーをアニメーションにする。

学習活動の流れ

① KOMA KOMA×日文（以下，KOMA KOMA）を使ったアニメーションづくりにチャレンジすることを知り，Zoom画面を通して，撮影方法と保存方法を学ぶ。（10分）

② 身の回りの道具や材料から選んだ対象物の，位置を動かしたり，形を変えたりしながら，KOMA KOMAでコマ撮り撮影し，簡単なストーリーのあるアニメーションにする。（65分）

③ 動画として書き出して，Zoom上で鑑賞会をする。（15分）

ポイント

○家庭にいる児童に対してもできる，オンライン（Zoom）でアプリを使ったコマ撮りアニメーションの授業を行うスタイルである。

○アプリ名はKOMA KOMAである。タブレット（iPad）を使用する。撮影するときに，まな板立てなどを利用して固定することを伝えておく。

○水彩絵の具や粘土などを家庭に置いていない児童がいることも考えられるので，初歩段階として，身近な道具や材料を扱う。

○慣れてきたら「カメラ映像反転」や「透かし表示」「インターバル撮影」などの裏技があることも教えておく。

○KOMA KOMAの使い方の資料や動画作品は，授業支援アプリ（ロイロノートなど）を通じて送ったり，Zoom上で共有したりする。

＊「KOMA KOMA×日文」は日本文教出版の以下のサイトからご利用いただけます。
https://www.21.nichibun-g.co.jp/Komakoma/

062

学年：5・6年　　時間：45分×2時間　　準備物：カラフル吸水ポリマー（約1000個），透明な入れ物（ペットボトル・卵パック・透明カップなど），鏡，オクリンク

田村久仁子

キラキラボールのナイスショット！

ねらい

　吸水ポリマーの形や色の美しさを感じ取りながら場所や空間の特徴を生かしてどのように活動するかを考え，造形的な活動を思いつき，活動を工夫してつくる。

学習活動の流れ

①めあてを確認する。（5分）

　「今日は，触り心地も見た目も『いい感じ』のこのキラキラボールを使って活動します。一番『綺麗』な瞬間を見付けてください。入れるものや置く場所によって，いろいろな『綺麗』が見付かります。そんな一番『綺麗』な瞬間をカメラで撮影しましょう」

②大きな入れ物から吸水ポリマーを選ぶ。（10分）

③吸水ポリマーが一番「綺麗」な瞬間を探す。（55分）

　例・鏡を使って映してみよう

　　・外の自然な光に当ててみよう

　　・透明カップに入れて並べてみよう

④撮影した写真をミライシードのオクリンクを使って提出してクラスで共有する。（15分）

⑤どのような「綺麗」が見付かったかを共有し，振り返る。（5分）

ポイント

○前日に吸水ポリマーに水を含ませ，膨らませておく。

○事前に授業内容を周知することで，透明カップなどの材料を児童が用意できるようにする。

○場所や空間の違いによって吸水ポリマーの見え方が様々に変わることを押さえる。

＊水で膨らむビーズについては，経済産業省より乳幼児の使用に関する注意喚起が出されています（2023.5.16）。授業で使用する場合は，誤飲等が起こらないよう十分にご注意ください。

絵

立体

工作

鑑賞

063

学年：6年　　時間：45分×2時間
準備物：ロイロノート，その場にある様々な素材

山本　清

不思議な世界への入り口を見付けよう

ねらい

　日常の景色の中から「不思議な世界への入り口」を見付ける活動を通して，形や色，材料や場所の特徴などから発想・構想をし，どのように活動するかについて考える。

学習活動の流れ

①資料を参考に，本時のめあてを考えられるようにする。（5分）

・児童がよく知っている物語やアニメに登場する不思議な世界への入り口や，教師が見付けた校内での参考例を紹介し，活動への興味を高める。

②活動の見通しを持つ。（5分）

・場所の持つ雰囲気を大切にする。

・撮影した後は，ロイロノートで入り口部分に色をつける。

③校内の様々な場所へ行き，その場にある材料を組み合わせて，不思議な世界への入口をつくる。

（70分）

「この場所の雰囲気がいいな」

「この材料を組み合わせて飾り付けてみよう」

④自分が見付けた不思議な世界への入口を紹介する。（10分）

「こんな見方もあるんだ」

「こんな組み合わせ方も面白いな」

ポイント

○本実践では，開隆堂出版「図画工作5・6下」にある「時空をこえて」の授業と組み合わせることで，児童の発想を広げることにつながった。

○学校全体を活動の場として利用できるように，事前に特別教室などの使用許可を得ておくとよい。

○子供たちから「違和感を『演出』すればいいんですね」という言葉が出たので，「演出」とキーワードとして活動につなげた。

O64

学年：6年　　時間：45分×2時間
準備物：ロボットボール（スフィロボルト）

西尾 環

光と色と動きのデザイン
～ロボットボールでプログラミング～

動画はこちら

ねらい

　ロボットボール（スフィロボルト）という材料を使い，教室や体育館の床という場所やボール内の空間で，プログラミングして動かしたり光らせたり色でデザインしたりしながら，自分のイメージをもとに造形的な表現を考えて活動する。
＊本題材は，プログラミング学習と関連しています。

学習活動の流れ

①総合的な学習の時間に学んだロボットボールを移動させるプログラミングの経験を生かし，図工では，光や色を使ったデザインをするプログラミングを学ぶことを知る。（5分）
②教室で「動作」「LEDライト」「コントロール」などのブロックカテゴリーを使って，ロボットボールを動かしたり光らせたりして遊ぶ。（25分）
③LEDの「マトリックス」も使って色や形のデザインをする。（15分）

④平坦で広い場所（ホールや体育館）において，自分のイメージを持って「光・色・動き」をプログラミングでデザインし，遊びながら友達と紹介し合う。（45分）

ポイント

○ここで紹介しているスフィロボルトは，1個3万円程度の高価なロボットであるが，簡単な光と動きだけなら数千円のスフィロミニがある。それでも，自治体や学校単位で備品として購入できれば好ましい。
○プログラミングは，タブレット（iPadなど）でできる。
○ペアや少人数グループで1台使って活動しても楽しめるが，やはり一人1個がよい。
○総合的な学習の時間では「AIM」や「ドロー」で自由に動かすこと，ブロックプログラミングの基本だけ学び，図工での学習につなぐ。

065

学年：5・6年　　時間：45分×3時間
準備物：マスキングテープ8色, カラーペン

田村久仁子

HAPPY ぺたぺた ART

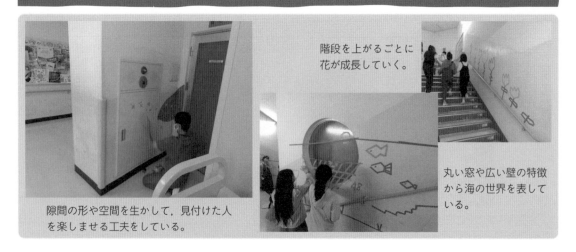

階段を上がるごとに
花が成長していく。

隙間の形や空間を生かして, 見付けた人
を楽しませる工夫をしている。

丸い窓や広い壁の特徴
から海の世界を表して
いる。

ねらい

　学校内の壁面を中心に, その場所や空間の意味
や特徴を考えながら, マスキングテープやその他
の材料の特徴をもとに造形的な活動を思いつき,
構成したり周囲の様子を考えたりして, 活動を工
夫してつくる。

学習活動の流れ

①学校内を撮影した動画を見て, この場所にどん
　なものがあったら「HAPPY」になるかを考える。
　（10分）
②マスキングテープを机の上に貼る活動を通して
　どのような特徴があるかを理解する。（15分）
・ちぎったり, 丸めたりできる
・重ねることで色も重なる
・大きなものを描くことができる
・貼ったり剥がしたりが容易にできる
③学校内の場所を選んで, どのような活動をする

かを考える。どこでどのような活動をするかを
共有することでその後の表現を広げる。（15分）
④選んだ場所で活動する。（70分）
⑤自分が使ったものを撮影し, どのようなことを
　工夫したのかを記述する。（25分）

ポイント

○図工室の机にマスキングテープを貼るウォーミ
　ングアップをすることにより, 壁や他の場所に
　貼る感じを理解し, 学習にスムーズに取り組め
　るようにする。
○その場所や空間の特徴を全員で確認することに
　より表現の広がりが生まれる。
○マスキングテープを8色用意することで, 表現
　に合った色合いを選べるようにする。

066

学年：5年　　時間：45分×8時間　　準備物：正方形のスチレンボード，彫刻刀，版画用インク，ローラー，ばれん，正方形の版画用紙

岩本紅葉

願いを叶えるもよう

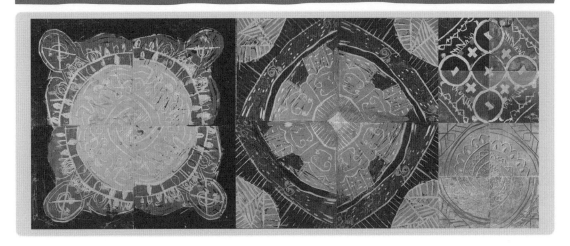

ねらい

自分の願いを叶える模様を考え，スチレンボードに彫刻刀で彫って色を重ねて刷り，工夫して版に表す。

学習活動の流れ

①アイヌ文様が施された作品を鑑賞し，それぞれの文様に意味があることを知る。（5分）

②願いを叶える文様を考えてスケッチする。（20分）

③文様を組み合わせてどのような模様の作品をつくるか考え，スチレンボードに描く。（35分）

④白色にしたい部分を彫刻刀で彫り，1色目の色で刷る。（90分）

⑤1色目にしたい部分を彫刻刀で彫り，2色目の色を重ねて刷る。（90分）

⑥2色目にしたい部分を彫刻刀で彫り，3色目の色を重ねて刷る。（90分）

⑦自分の作品についてまとめ，相互鑑賞を行う。（15分）

⑧友達の作品のよさや面白さを捉え，伝え合う。（15分）

ポイント

○版を刷る際には回転させて4回刷る。刷る方向や色の組み合わせは児童に委ねる。

○刷った際のイメージが持てるよう，淡い色に濃い色を重ねた作品，濃い色の上に淡い色を重ねた作品を提示する。

○2色目，3色目と重ねて刷る際には方向を間違えないように注意する。

○刷る方向を間違えてしまった際のために予備として多めに刷るように伝える。

○彫刻刀は両手で持つこと，作業板を敷くことを指導する。

067

学年：5年　　時間：45分×3時間　　準備物：正方形の画用紙，アクリル絵の具，パレット，筆，刷毛，ローラー，歯ブラシ，マスキングテープ

岩本紅葉

色の世界

ねらい

アクリル絵の具で自分のお気に入りの色をつくって模様を描いたり，他の色と組み合わせたりして，その色のよさや面白さを工夫して表す。

学習活動の流れ

①色の組み合わせによって色のイメージが変わることを知る。（5分）

②アクリル絵の具を混ぜて自分のお気に入りの色をつくる。（10分）

③その色のよさや面白さを表現するためにはどうすればいいか考える。（5分）

④アクリル絵の具で重ね塗りをしたり，模様を描いたりして，自分のつくった色のよさや面白さを工夫して正方形の画用紙に表す。（70分）

⑤相互鑑賞を行い，自分の伝えたい色のよさや面白さを発表する。（30分）

⑥友達の作品のよさや面白さを捉え，感想を伝え合う。（15分）

ポイント

○様々な方向から作品を楽しめるよう，正方形の画用紙を使用する。

○色の組み合わせを試行錯誤してもらうため，何度も重ね塗りができるアクリル絵の具を使用する。

○歯ブラシやローラー，マスキングテープなど今まで学んできた用具を自由に使えるようにする。

○完成した作品の写真を撮影し，小さいサイズに印刷してアートカードにして鑑賞しても面白い。

○友達の作品のよさや面白さを伝え合う際にはICTを活用してコメントを付け合う。

068

学年：5年　　時間：45分×3時間
準備物：絵の具，画用紙，ロイロノート

安田晶子

面白いね，人の動き

『動き』を感じる1枚(自分)を撮ろう。↓  ↓

【動きを意識したポイント】
・思いっきり壁を蹴る。
・足を曲げる。

スピードがあるぞ！！とわかるように手をあげて風の抵抗を減らしているように見せました。

ひざを曲げているようにみえるようにひざのまわりをすこし薄い色にした。

ねらい

　自分の体を動かしたり，いろいろなポーズをとってみたりすることから，人の形や動きを捉え，表し方を工夫して絵に表す。

学習活動の流れ

①動きのある人物の絵画や報道写真などから，手足の様子など動きを感じるポイントを捉える。（20分）

②動きを感じられるポーズを考えて，実際に自分の体を動かす。何通りも撮影して，最も動きのある1枚を選ぶ。（25分）

③動きのある人物を表した絵画から，表現の工夫を捉える。（15分）

④表し方を工夫しながら，動きのあるポーズをとった自分を絵に表す。（65分）

⑤学びを振り返る。（10分）

ポイント

○プロが撮った写真や絵画の鑑賞を通して，人の動きの面白さや人体の形に気付けるようにする。

○実際に体を動かしてポーズを考え，タブレットで何枚も写真を撮るようにする。動きのある自分の姿を客観的に見つめ，吟味することで，人の動きや形の面白さ，不思議さを楽しく体験的に捉えられるようにする。

○人の動きを表した絵画の鑑賞を通して，動きを表現するための工夫は幅広くあることに気付き，自分なりの工夫につなげられるようにする。

069

学年：6年　　時間：45分×6時間　　準備物：ローラー，網，歯ブラシ，ビー玉，ストロー，絵の具，画用紙，MetaMoJi ClassRoom，Keynote

安田晶子

時間旅行

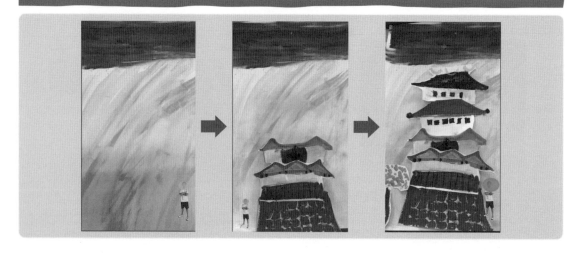

ねらい

　行きたい時代や場所を想像して，自分のイメージした世界をどのように表していくか考え，工夫しながら絵に表す。

学習活動の流れ

①絵の具遊びを楽しむ。（43分）

②描いた絵に自分の写真を合成して作品を完成させることを知り，活動の見通しを持つ。（2分）

③時間旅行を楽しむ自分の写真を撮り，Keynoteで背景を透明化させる。（45分）

④パーツを上から足していく描き方で進めることを知り，背景を描く。（45分）

⑤パーツを描き，背景の上に置いて構成を練り上げていく。（105分）

⑥絵にKeynote上で自分の写真を合成し，作品を完成させる。（20分）

⑦学びを振り返る。（10分）

ポイント

○絵に表すとき，絵の具遊びで描いた画用紙を活用できるようにすると，表現の幅が広がる。

○途中での構成変更やさらなる工夫が可能となる。また，パーツも別に撮ってKeynote上で背景に足していくと，パーツの数を増やしたり，大きさを変えたりするなど，デジタル上での工夫が広がる。

○その日の製作を振り返りながら，構成を練り直すことができる。授業ごとの学びが1枚のシートに積み上げられるよう，MetaMoJi ClassRoomを使用する。

○絵の完成はデジタル上なので，廊下などスペースがあるところでスライドショーにして投影する。

070

学年：6年　　時間：45分×2時間　　準備物：障子紙，墨汁，水入れ，刷毛，ブラシ，スポンジローラー，スプレー，ほうき，歯ブラシ，額縁

山本　清

試そう！味わおう！水墨画

ねらい

墨を用いた表現の活動を通して，表現方法に応じて材料や用具を活用し，表したいことに合わせて表し方を工夫して表す。

学習活動の流れ

①参考資料を見て，本時の活動を知る。（5分）

・墨で描かれた参考作品を見せ，本時の活動の見通しを持たせる。

②様々な用具を用いて，自分なりの表現をする。（35分）

・ほうきや歯ブラシなど，用具の一部を見せ，活動への意欲を持たせる。

・水を用いた濃淡の表現や，にじみ，かすれなどの表現を紹介する。

・活動の途中で，どの用具をどのように用いて，どのような表現を発見したか，紹介し合うようにする。

③本時の学習の振り返りを行う。（5分）

④自分が描いたものから，イメージに合わせて額縁の大きさに合わせて切り取る。（15分）

・グループで描いた場合は，できるだけ自分が描いた部分を切り取らせるようにする。

⑤額縁に入れ，題名を考える。（15分）

・題名にも工夫をするよう伝える。

⑥それぞれの作品を鑑賞し合い，振り返りを行う。（15分）

ポイント

○描く活動はグループでも個人でもよい。

○普段，子供たちが使用したことのない用具を準備すると，興味・関心が高まる。

○描く活動後は片付けの時間が必要なので，十分に時間を設定しておく。

○額縁サイズに切り取る際は，画用紙で額装マット（内側の白い枠部分）を作成して，鉛筆で切り取る大きさをなぞっておくと切り取りやすい。

071

学年：6年　　時間：45分

準備物：PC版「キューブキッズ」もしくはロイロノート

山本　清

鳥獣戯画を味わおう

ねらい

　鳥獣人物戯画の登場人物を用いて絵に表す活動を通して，感じたこと，想像したことから，どのように主題に表すかについて考える。

学習活動の流れ

①参考資料を見て，本時の活動を知る。（5分）

・鳥獣人物戯画の登場人物を用いた画像を見せ，本時の活動の見通しを持たせる。

②画像の配置や文字の入力などの仕方を確認する。（5分）

・人物を複製したり，拡大縮小させたり，回転・反転させたりできるなど，デジタル機器を用いるよさを伝える。

③鳥獣人物戯画の登場人物の画像を用いて，オリジナルの物語をつくる。（25分）

・登場人物の動きや表情に着目して，そこから物語を想像するよう伝える。

・近くの友達と技術面・発想面でのアドバイスをし合うことを伝える。

④つくった作品を鑑賞し合い，表現の工夫を伝え合う。（5分）

・他の児童のつくった作品を見る時間を設け，工夫しているところなどを共有できるようにする。

⑤本時の学習の振り返りを行う。（5分）

ポイント

○前時に鳥獣人物戯画の作品の鑑賞を行い，どのようなものが描かれているか，どのような物語が想像できるかなど，作品そのものについて触れる時間を設定しておく。

○文字は授業者が筆ペンで手書きしたものをスキャンして用いると，「味」のある作品になる。

072

学年：6年　時間：45分×7時間　準備物：上質紙，カーボン紙，油性マジック，ビニール系ターポリン製のアートマイルキャンバス(1.5×3.6m)，アクリル系水彩絵具(アートテント)，はけ，筆，紙皿やお椀，スポンジローラー，ビニールシート，テレビ会議システム

西尾　環

大きな絵でまちと心をつなごう
～海外交流台湾アートマイルプロジェクト～

ねらい

　他国の小学生と伝え合いたいことを見付け，大きなキャンバスに共同で描く絵を構想し，季節感や地域文化を表す形や色を考え，他者と協力して絵に表す。

学習活動の流れ

①台湾の小学校と交流テーマのもと，描きたいものを決め，絵の構想を立てる。(45分)

②分担して下絵を描き，カーボン紙を使ってキャンバス布に転写する。(45分)

③グループごとに交代で，絵の具(筆やスポンジローラー)を使って着色する。(160分)

④キャンバスの半分だけ描いた自分たちの作品を鑑賞し，造形的なよさや美しさを感じ取る。(20分)

⑤台湾側が半分を描いて完成した絵画を鑑賞し，表現の意図や特徴，表し方の違いを感じ取る。(45分)

ポイント

○右半分を日本側，左半分を台湾側が描いた共同の大型絵画である。

○総合的な学習との関連を図る。交流テーマ決め，相手国や地域に関する調査，自分の地域の取材，絵画の送付準備や手紙，完成後のテレビ会議交流を総合の時間で行う。

○着色を行う際，総合の時間の一部内容と同時進行で行うと効率がよい。

○絵が大きいので，なるべく絵の中心から色を塗るようにする。完成まで日数を要するので，保管場所を考えておく。

○JAPAN ART MILE PROJECT へ参加することで，交流相手校のマッチングをしてもらえる。ただし，画材提供費やシステム使用料などが必要になるので，事前に学校単位での検討を要する。

073

学年：6年　　時間：45分×2時間　　準備物：様々なマークやロゴ，大型モニター，アイデアシート，Ａ５判の画用紙（あるいはSketches），水性カラーマジック（あるいはタッチペン）

西尾　環

わたしの元気マーク

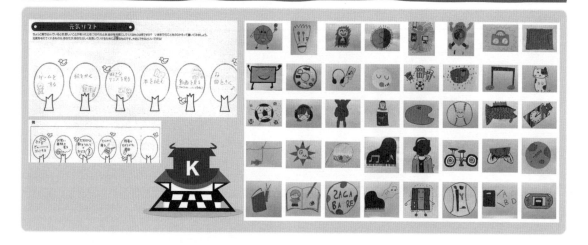

ねらい

　世の中の様々なマークやロゴを見て，形や色には意味があることに気付き，自分を元気にするマークを，形や色に想いや願いを込め工夫して描く。

学習活動の流れ

①世の中のマーク「運転初心者マーク」や「盲導犬マーク」などを見て，デザインのよさや，形や色の意味について考え，話し合う。（30分）

②教師自作の元気マーク（モデル）を見て，なぜこのような形にしたのかを知り，どんな色がいいのかアドバイスをする。（15分）

③色のついた教師のモデルマークを見て，思ったことを話す。（5分）

④今の自分を元気にするマークだったらどんな形や色のデザインがよいか考えて，タブレット（紙）に描く。（30分）

⑤お互いの元気マークを紹介し合う。（10分）

ポイント

○鑑賞するマークとして他にも「ベルマーク」，「グリーンマーク」「マタニティマーク」など，親しみがあり，形や色の意味が分かりやすいものを選ぶ。

○教師作のマークはあえて色をつけず提示する。どんな色がよいかと問い，対話することで，色の意味や大切さに気付かせる。

○１人１台端末であれば書き直しが容易なので，タッチペンでタブレットのアプリ（Sketches など）を用いて描く。

○本題材の実践は，熊本地震という学級みんなの共通体験（被災地として）の直後に行った。多くの児童が共通のストレスを抱えているような状況のときや，学級活動で「自分の心の悩み」を扱った授業の後などに関連して行うと，より効果的である。

074

学年：6年　　時間：45分×6時間

準備物：電子黒板，ロイロノート，画用紙（B4判），水彩絵の具，付箋紙

西尾　環

見いつけた！お気に入りの場所

ねらい

　学校の中で，自分のお気に入りで，絵に表したい場所を見付け，撮影した写真などを活用して，色・形のよさや光・奥行きなどを考えながら表し方を構想し，水彩絵の具で表す。

学習活動の流れ

①教科書の作品を見てよさを見付け，主題について考え，めあてを持つ。（20分）

②校内の気に入った場所を巡り，表す視点（色・形・光・奥行き）を考えて，数多く写真に撮影する。（25分）

③絵に表したい気に入った場所を一つ選び，写真を見ながらどのように描くか構想を立てる。（45分）

④構想をもとに絵を描く。（135分）

⑤鑑賞会をし，友達の作品のよさを伝える。（45分）

ポイント

○教科書の作品を鑑賞することで，視点を明確にする。

○タブレットで撮影する場所は数箇所選び，同じ場所でも複数撮影しておく。

○構想を立てるときに，自分の思いを伝えるために画面の省略や誇張，光による色の工夫などを考え，写真に書き込んだり工夫を説明したりするようにする。

○構想の段階から互いの考えの交流を図る。

○写実的に描くことが目的ではないことを伝え，現場で自分の目で見ることやそこで感じたことを重視し，写真はあくまで補助資料であることを示す。

○完成した絵は教室で机上に置き，なるべく直接見て付箋紙などでよさを伝える。まずは近くにいる班同士で鑑賞をし，その後は自由に見て回る。教師も必ず一筆入れたいものである。

075

| 学年：5年 | 時間：45分×8時間 | 準備物：画板，画用紙（四つ切り，B3判 |

など），スケッチペン，水彩絵の具，大型モニター

西尾　環

描こう！
お城の色や形に目を向けて

ねらい

　歴史ある建造物であるお城を見て，感じたことや伝えたいことを，形や色，構成を考えて，水彩絵の具やペンを使って工夫して表す。

学習活動の流れ

①地域に出かけ，お城を見て感じたことを伝え合い，主題を表すための形や色，構図について考える。（10分）

②その場でスケッチペンで城の形を捉えて描く。（110分）

③教室で色を思い出したり想像したりしながら着色する。（180分）

④互いの絵を見ながら，形・色・構図のよいところを発見し，感じたことを伝え合う。その後，学習を振り返る。（45分）

ポイント

○前半は校外での活動なので，行き帰りは交通面の安全指導に注意する。

○身近なお城をどう感じるか問い（「迫力がある」「歴史を感じる」など），その後，どのような構成にするか考えさせる。主役，脇役，背景を意識して自分のテーマに合わせて表すことを伝える。

○石垣の下に連れて行くことで，石の大きさや形，色の違いに目が向くようになる。そしてペンによる線描を取り入れる。

○着色は教室に戻って別日に行う。色は，光の具合や見る場所や時間によって変わること，実物の通りでなく感じたままの色でよいことを伝える。念のため写真は撮影しておき，どうしても確認したい子には見せるようにする。

○学校や地域によっては，お城以外の建造物にするなど，実情によって対象物を変えてよい題材である。また写生大会の中で一気に実施することもできるであろう。

076

学年：6年　　時間：45分×4時間

準備物：Viscuit，プロジェクター，プラスチック段ボール，白色のガムテープ

岩本紅葉

Happy Birthday My School

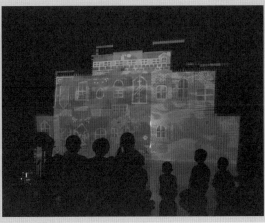

ねらい

Viscuit で学校の開校記念日をお祝いするための動く絵を，色や形，重なり，動きを組み合わせて工夫して描く。

＊本題材は，プログラミング学習と関連しています。

学習活動の流れ

①学校の開校記念日からイメージすることを発表し合う。（5分）

②発表されたものや自分のイメージなどをもとにどのような動く絵を描くか考える。（5分）

③Viscuit で動く絵を描く。（70分）

④タブレットで完成した作品を再生して相互鑑賞する。（10分）

⑤作品をプロジェクターで投影するための支持体のプラスチック段ボールに白色のガムテープを自由に貼って模様をつくる。（60分）

⑥プラスチック段ボールの作品を連結させて大き

なお城をつくる。（20分）

⑦大きなお城に Viscuit の映像作品をプロジェクターで投影して，プロジェクションマッピングとして発表する。（10分）

ポイント

○色の明度や彩度，透明感，ペンの太さなど，自分のイメージに合わせて工夫できるよう導入で伝える。

○Viscuit の作品は画面収録やレコーディングなどで記録する。

○記録された作品は，PowerPoint，Keynote，Google スライドにまとめる。

○プロジェクターで投影する支持体は白色に近いものにする。

○音楽と組み合わせてプロジェクションマッピングとして発表する場合は，児童が Viscuit で絵を描いている際にその曲を流す。

077

学年：5年　　時間：45分×4時間　　準備物：段ボール，接着剤，カッターナイフ，段ボールカッター，はさみ，水，絵の具，ロイロノート

安田晶子

だんボールでアート

ねらい

段ボールの特徴を知り，用具を活用しながら折り方や曲げ方，組み合わせ方などを工夫して，つくりたいものをつくる。

学習活動の流れ

①日比野克彦の作品「SWEATY JACKET」の写真を見て，段ボールが材料として大きな可能性を持っていることに気付く。(3分)

②「段ボールの変身技」を見付けるために，試行錯誤しながら段ボールでどんなことができるか，捉える。(40分)

③見付けた変身技を活用しながら，つくりたいものをつくるという見通しを持つ。(2分)

④段ボールの折り方や曲げ方，組み合わせ方などを工夫しながら，つくりたいものをつくる。(125分)

⑤学びを振り返る。(10分)

ポイント

○段ボールの変身技を見付ける活動では，段ボールと十分に関わることができるようにする。

○用意する段ボールを手の平サイズにしておくことで，多様な試行錯誤が引き出されやすくなる。授業準備のため，段ボールを大量に切りたいときは，電動カッターか電動糸のこを使うと時間短縮になる。

○見付けた「段ボールの変身技」は，ロイロノートにまとめて配付することで，いつでも振り返られるようにする。

078

学年：5年　　時間：45分×5時間　　準備物：油粘土，粘土板，濡れ雑巾，デジタルカメラ（SDカード）とPC（タブレット），三脚，電子黒板，布，台，iMovie

西尾　環

動物たちに命を
～油ねん土のクレイアニメーション～

→動画はこちら

ねらい

　粘土の形を変化させながら，動きや向き，位置を考えながら撮影し，アニメーションに表す。

学習活動の流れ

①油粘土でつくった動物が動く簡単なクレイアニメーション（参考作品）を見て，題材への興味・関心を持つ。（5分）

②つくり方を知り，見通しを持つ。（10分）

③どんな生き物をどのように動かしたいか，周囲の様子をどうつくるか考える。（30分）

④粘土で基本の形をつくり，形を変えながら撮影する。（90分）

⑤並べた写真を取捨選択して1コマあたりの提示する長さ（速度）を調整しながら，アニメーションにする。（45分）

⑥鑑賞会を開いて楽しむ。（30分）

⑦クレイアニメーションのよさや自分が学んだことを伝え合う。（15分）

ポイント

○単色の油粘土を使うことで，形のみに着目させる。ただし，粘土の形がはっきり見えるように，撮影場所には，対比的な色の布や板を準備する。

○油粘土を扱うと手がベタベタするので，濡れ雑巾を用意したり，友達と協力（分担）した撮影を呼びかけたりして，機器が汚れないようにする。また，紙粘土と違い固まらないので，数日後でも容易に形を変化させることができる。

○本題材実践時（2010年）は，デジタルカメラでの撮影と電子黒板のSDカード再生機能及びPCのアプリで速度調整をした。現在は，1人1台端末とアプリ（例：タブレットのiMovie）の活用により，よりスムーズな動きが可能である。

○カラー粘土も，固まらないものがあれば，時間をかけてアニメーションにできる（https://www.youtube.com/watch?v=3XOJZUid8hg）。

＊参考作品：https://www.youtube.com/watch?v=uJybjc8PTKI

93

079

学年：5年　　時間：45分×2時間　　準備物：消しゴム，カッターナイフ，彫刻刀，カッターマット，電子黒板（大型モニター），説明用スライド（PowerPoint），油性ペン，スタンプ台，試し用紙

西尾　環

消さずにペタペタ マイハンコ

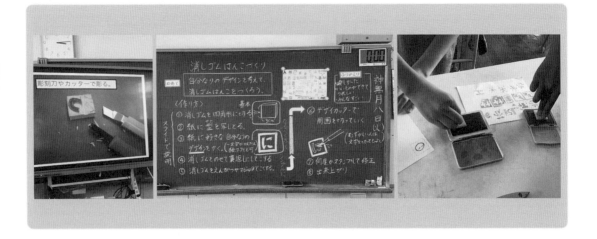

ねらい

　カッターナイフや彫刻刀を安全に正しく使って消しゴムを削り，自分を表すデザインを考え，ハンコをつくる。

学習活動の流れ

①手づくり消しゴムハンコを使う様子を見て，自分もつくりたいという思いを持つ。（5分）

②黒板とスライドによる「消しゴムハンコをつくる手順」の説明を見聞きし，理解する。（10分）

③消しゴムを四角形に切り取り，紙に型を写し取り，写し取った紙にデザインを考えて書く。（15分）

④消しゴムに転写し，カッターナイフなどで彫って形を浮かび上がらせる。（30分）

⑤何度かスタンプをしながら修正する。（15分）

⑥互いにスタンプを交換して楽しむ。余裕があれば二つ目をつくる。（15分）

ポイント

○消しゴムは百円ショップなどで手に入る。ハンコの大きさは3cm四方を基本とする。

○手順の説明の中で，カッターナイフの安全で正しい使い方を指導する。

○デザインが複雑だと，作業もやりづらくスタンプでも見づらいので，シンプルなものを推奨する。また，ある程度の太さもあった方がよい。それは文字でも絵でもよいが，自分らしさが出ることが大切だと伝える。

○転写は，紙に消しゴムを押し付け，強くこする。転写後，油性ペンでなぞるとはっきりするが，鉛筆でもよい。

○陽刻が基本だが，苦手意識がある場合には陰刻でもよいことにする。

○スタンプ台も個人で準備できれば，さらによい。

○完成したハンコは，自分の図工や書写，国語などの作品に活用するようにしたい。

080	学年：5・6年　　時間：45分×6時間　　準備物：黒彫板, 紙粘土（白, 赤, 青, 黄）, 彫刻刀, トレーシングペーパー, パス, 鉛筆, 肥後象嵌のビデオ

小原莉奈

板と紙粘土のハーモニー
〜象嵌(ぞうがん)の技でつくる熊本紹介板〜

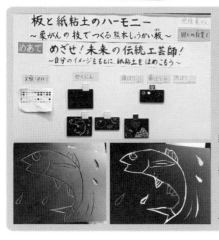

教師の参考作品で，彫っただけの板と，紙粘土を嵌め込んだ板とを比較する。また，線彫りと面彫り，点彫りの違いにも気付けるようにする。

児童は，彫刻刀で彫ったところに，指で紙粘土を嵌め込んでいく。

ねらい

　板を彫ったところに紙粘土を嵌め込み，性質の異なる材料同士を組み合わせて，伝統工芸の「肥後象嵌(ひごぞうがん)」の技を身近な材料で体験し，形や色，材料などを活かしながらどのように表すか考える。

学習活動の流れ

①伝統工芸「肥後象嵌」の技をビデオで見て知り，身近な材料で技を使いながら熊本紹介板をつくることを知る。（15分）

②熊本県といえば……を考え，黒彫板と同じサイズの黒い画用紙にパスで下絵を描き，色のイメージをする。（60分）

③トレーシングペーパーで，黒彫板に下絵を写し，彫刻刀で黒彫板を彫る。（90分）

④彫った個所に紙粘土を嵌め込んでいく。（60分）

⑤できあがった作品を集め，熊本紹介板にし，互いの作品を鑑賞する。（45分）

ポイント

○導入では，肥後象嵌の作品を見せ，図工の授業で身近な材料を使って伝統工芸の技を体験するわくわく感を高める。

○社会の地域学習と関連付け，創作意欲を高める。

○黒彫板の上で紙粘土がどのような色になるかを視覚的に確認するため，同サイズの黒い画用紙にパスで下絵を描き，イメージできるようにする。

○線彫り，面彫り，点彫りの彫り方も計画しておくようにする。

○彫刻刀を使用する際には，安全指導を十分に行う。

○紙粘土は，伸びのよいものを使用する。

○個人のできあがった作品を集め，学級の熊本紹介板として掲示する。

081

学年：6年　　時間：45分×6時間　　準備物：芯材（針金），台，紙粘土，濡れ雑巾，へら，水彩絵の具，筆，ニス，はけ，新聞紙，Sketches

西尾　環

未来のわたし
～卒業前に自分を見つめて～

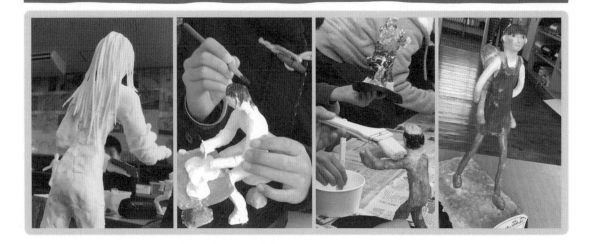

ねらい

卒業前の自分のよさを見つめ，未来の自分の姿を予想して，手や道具を使って形や色，動きを考えて，芯材や紙粘土で立体に表す。

学習活動の流れ

①過去の6年生の立体作品の映像を見て，関心を持ち，材料（芯材，粘土，台）を確認する。（10分）

②今の自分を見つめて，未来の自分の姿を予想し，タブレットのアプリ「Sketches」で絵に描く。（35分）

③芯材で人の形と周囲に必要なものをつくる。（45分）

④紙粘土で少しずつ肉付けをし，形を整える。必要に応じて粘土に色を練り込む。（90分）

⑤着色をする。（45分）

⑥ニスを塗って仕上げる。（15分）

⑦タブレットで好きな場所に置いて写真を撮り，

自分の思いをカードに書き込み，ロイロノートで提出する。友達の作品やカードを見てコメントを送る。（30分）

ポイント

○特別活動と関連して自分のよさを見つめながら，未来の姿を考えさせることで，プラスのイメージで捉えられるようにする（https://youtube.com/watch?v=e-Wjm1103js）。

○友達と協力して互いに体でポーズを取るなどして，体のひねりや関節の曲がりが，動きを表し，何をしているかが伝わりやすいことに気付かせる。

○紙粘土は薄く伸ばしながら付けるよう指導する。

○色は後から塗ったほうが，様々な色の違いや変化が出しやすいメリットを伝えるが，練り込みを好む児童には無理強いはしない。

082

学年：6年　　時間：45分×4時間　　準備物：1グループにつき30×40×900mm と30×40×1800mm の角材80本ずつ，幅200mm の輪ゴム，軍手

岩本紅葉

空間ワークショップ
～学校に街をつくろう～

ねらい

　2種類の長さの角材を輪ゴムで固定して組み合わせることで，バランスや奥行きを考えながら大きな建築物を工夫してつくる。

学習活動の流れ

①角材を組み合わせてグループで建築物を建て，校庭に街をつくることを知る。（5分）

②安全な組み立て方を知る。（5分）

③グループでどのような建築物をつくるか考える。（10分）

④グループで協力して建築物をつくる。（65分）

⑤途中で相互鑑賞を行い，互いの建築物のよさや面白さを捉える。（5分）

⑥鑑賞したことをもとに，さらに工夫して建築物をつくる。（60分）

⑦完成した建築物を発表し合う。（15分）

⑧互いの建築物の中に入ったり，様々な角度から見たりする。（5分）

⑨輪ゴムを外して角材を元の状態にする。（10分）

⑩タイムラプスで記録したものを後日振り返る。

ポイント

○校庭や体育館，エントランスなど広い場所で活動する。

○けがをしないよう，軍手を着用する。

○グループの人数は5～8人で行う。

○各グループに大人が入り，安全管理を行う。

○角材と角材をつなげる際には輪ゴムをきつく巻きつける。頑丈でない部分は補助の角材を追加する。

○グループごとに活動の様子をタイムラプスで記録しておき，映像を振り返られるようにする。

＊本実践は，公益社団法人 日本建築家協会 中の地域会の方に来ていただいて実施したものです。

083

学年：5・6年　　時間：45分×10時間　　準備物：板材，電動糸のこぎり，当て
工作用紙，やすり，カラーマーカー，アクリル絵の具

中根誠一

進め！糸のこ　たん検隊

動画はこちら

材料の厚さで作品の印象も変わる。

鑑賞時間に作品を紹介する様子（二次元コード参照）

ねらい

　板材を電動糸のこぎりで曲線を生かして切り分け，ホゾをつくり，切り分けた材料を釘や接着剤を使わずに立体的に組み合わせる。

学習活動の流れ

①本時の流れを説明する。（15分）
・インターネットで鑑賞し，様々な表現方法があることを知る（Google Arts & Culture を活用）。
・電動糸のこぎりについての安全指導を行う（文科省資料：https://www.mext.go.jp/a_menu/shotou/zukou/index.htm）。
・「ホゾ」のつくり方と役割について知る。
②板材を切り分けたり，組み立てたりして作品づくりに取り組む。（420分）
③作品を鑑賞し合い，感想や質問を伝え合う。（10分）
④本時の活動を振り返る。（5分）

・本時の活動や鑑賞中に気が付いたこと，感想等を発表する。

ポイント

○のこぎりの曲線的な切り方や，電動糸のこぎりならではの曲線を生かした切り分け方や，切り抜きについて確認する。
○ホゾの大きさと同じ当て工作用紙を用意することで，ホゾを切りやすくなる。
○材料の切り分け，やすりがけ，着色等の時間の使い方を考えられるように声をかける。
○立体作品をつくる際は，作品を様々な角度で鑑賞し，気が付いたことをもとに作品づくりに取り組むように指導する。
○1人1台端末を活用して，一つの作品で様々な材料の組み方を紹介してもよい。
○ホゾを安定させるために楔の木をつくり，ホゾの隙間に差し込むと安定させることができる。

084

学年：5年　　時間：45分×6時間

準備物：紙粘土，絵の具，ロイロノート，KOMA KOMA，iMovie

神崎直人

KOMA KOMAで，MYキャラが動く!?

【設計図】

ねらい

　グループでオリジナルの物語を考えて，紙粘土でキャラクターをつくり，写真をつなげてアニメーション動画（効果音付き）をつくる。

学習活動の流れ

① 教師がつくったアニメーション動画を見て，つくってみたい作品をイメージする。（5分）

② グループで，オリジナルの物語を考えて，設計図を描く。（30分）

・物語のテーマを決め，大きく四つの場面（起承転結）に分けて考える。その際，登場するキャラクターや撮影場所なども計画する。

③ 紙粘土でキャラクターを製作する。（90分）

・絵の具で着色した紙粘土を組み合わせる。

④ 撮影場所に移動して，写真を撮る。（55分）

・KOMA KOMAを使って，コマ撮りをする。つくりたい物語に合うように，紙粘土の配置を工夫

して撮影を繰り返す。

⑤ 完成したアニメーション動画に効果音を付ける。（80分）

・iMovieにアニメーション動画を書き出して，キャラクターの台詞を吹き込みや効果音などを付ける編集作業を行う。

・音楽室の楽器を活用し，音を付けるとなおよい。

⑥ ロイロノートに振り返りを書く。（10分）

ポイント

○完成したアニメーション動画に音声などの効果音を吹き込む際には，キャラクターの台詞を考える台本づくりの時間も考慮する必要がある。

○教師は，iMovieに収録されている効果音や楽曲，画質を変更できる機能等を「自由に使っていいよ」と伝えることで，子供たちは多様な作品を生み出すことができる。

085

学年：5年　　時間：45分×5時間　　準備物：段ボール，段ボールカッター，厚紙（コース用），転がす玉（ビー玉等），その他材料（皿やモール等），木工用ボンド，カメラアプリ

神崎直人

コロがるくんの旅番組

動画はこちら

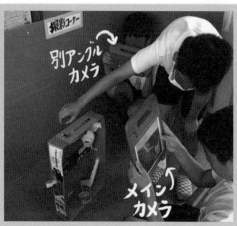

別アングルカメラ

撮影コーナー

メインカメラ

ねらい

　玉を転がすコース（直線や曲線）を考えて，コースを組み合わせるなどの工夫をして，自分が表したいものをつくる。

学習活動の流れ

①教師がつくった完成モデルを見て，自分でつくってみたい作品をイメージし，課題を持つ。（10分）
（例：ピタゴラスイッチ（NHK）のような番組をつくるという課題）

②ロイロノートに設計図を描く。（20分）

③材料を選んで作品をつくる。（60分）

④友達とアドバイスをし合ったり，試しに玉を転がしたりしながら修正を加える。（60分）

⑤完成したコースの動画を撮る。（60分）

・カメラアプリを起動し，動画を撮る役，玉を転がす役に分かれて，分担作業で動画を撮る。

⑥ロイロノートに振り返りを書く。（15分）

・振り返りカードに，完成した動画を貼り付け，工夫したところなどを入力する。

ポイント

○教師の作品を見て，自分もつくってみたいという意欲が高まったタイミングで，つくった先のゴールを子供と設定する。

○教師は，材料（直線コース用厚紙，曲線コース用厚紙等）を事前に大量に用意しておくとよい。

○コースの動画を撮影する際は，撮影コーナーを事前に確保しておく必要がある。

○動画編集は，学級の実態によって教師が行うのか子供が行うのか選ぶ。

○完成した番組動画は，校内の大型テレビに映し出すなどして，全校児童に発信できるとよい。

| 086 | 学年：5・6年　　時間：45分×8時間　　準備物：ワークシート，段ボール，段ボールカッター，アクリル絵の具，カラーマーカー，木工用接着剤，たこ糸，割りピン等 |

中根誠一

おもしろ看板屋さん

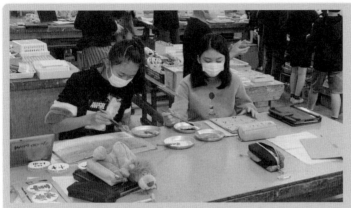

作品づくりに取り組む様子

児童作品「命をたすける AED」

ねらい

　身の回りの看板を参考にして，段ボールを材料に，校舎について伝えたいことが作品を見た人に伝わるように工夫して看板をつくる。

学習活動の流れ

①本題材についての見通しを持つ。(10分)

②身の回りの看板の役割や意味について考え，話し合ったり，発表したりする。(10分)

③校舎内を探検し，看板をつくる場所を考えてワークシートにアイデアスケッチする。(15分)

④つくりたい看板のイメージに合うように，段ボールを切り分けたり，着色したりして，作品をつくる。(310分)

・段ボールカッター，カッター，きり，電動糸のこぎり等の安全な使い方を確認する（文科省資料：https://www.mext.go.jp/a_menu/shotou/zukou/index.htm）。

⑤作品を鑑賞し合い，感想や質問を伝え合う。(10分)

⑥本時の活動を振り返る。(5分)

・本時の活動や鑑賞中に気が付いたこと，感想等を発表する。

ポイント

○看板の役割や意味を考える際，「安全」「紹介」「笑顔」等，分かりやすいキーワードにまとめると，題材の中で振り返りやすい。

○表したい作品に合う材料を選択し，材料に合う用具を選べるよう，声かけと安全指導を行う。

○1人1台端末のカメラ機能を活用して，作品づくりに関わる場の様子や，完成した作品の展示風景を記録することができる。

○作品づくりの過程で，作品を展示することで，校舎について伝えたいことが伝わりやすいかどうか確認して作品づくりに生かすことができる。

087

学年：5年　時間：45分×4時間
準備物：Ａ5判ミラーシート，Viscuit

田村久仁子

無限に広がる形・色
～デジタル万華鏡をつくろう～

動画はこちら

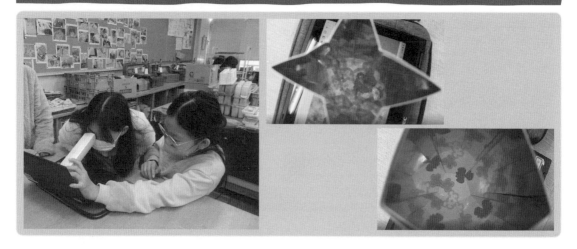

ねらい

形や色，動きなどを生かして，ミラーシートを加工したりプログラミングの方法を活用したりするとともに，表したいことに合わせて工夫して表す。

＊本題材は，プログラミング学習と関連しています。

学習活動の流れ

①万華鏡を覗いて，どんな感じがして，なぜこのような模様ができるのかを考える。（15分）

「中で材料が動いている」

「周りが鏡になっていて，そこに映っている」

②学習活動を知る。（5分）

「プログラミングアプリ『Viscuit』を使って『デジタル万華鏡』をつくります。まだ見たことのない，新しい万華鏡をつくりますよ」

③「Viscuit」を使ってどのような動きができるのかを操作をしながら確認する（動きの速さを変える，回転させるなど）。（45分）

④ミラーシートにカッターを使って折り目を入れ，

様々な形の万華鏡をつくる。（15分）

⑤万華鏡を端末の画面にのせて，それを覗きながら製作する。（70分）

⑥友達がつくった万華鏡を見合うことで，描いた絵や動きの違いによってどのような面白さや美しさがあるのかを感じ取ったり考えたりし，自分の見方や感じ方を深める（鑑賞カード）。（25分）

⑦デジタルを活用した美術作品について知る。（5分）

ポイント

○導入で全員が万華鏡を覗き込むことにより，よさや面白さを実感し，それをデジタルでつくることへの期待感を膨らませられるようにする。

○目が疲れるので，一定時間を過ぎたら，目を離すなどして休憩できるように配慮する。

○終末でデジタルアートを紹介することで，様々な表現方法があることを知り，美術教育への興味・関心を広げられるようにする。

088

学年：5年　時間：45分×5時間　準備物：工作で製作したクランクのおもちゃ，牛乳パック，ストロー，針金，ペンチ，テープ，色画用紙，のり，折り紙，自分で集めた箱

西尾 環

クランクくるくる

動画はこちら

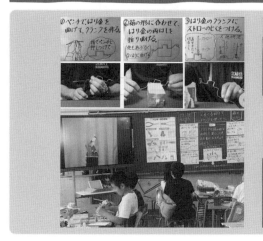

（上記二次元コード参照）

ねらい

　簡単なクランクの仕組みをつくって，試しながら動きの面白さを捉え，形・色などの造形的な特徴を考えながら構想し，表し方を工夫して，動くおもちゃをつくる。

学習活動の流れ

①クランクの仕組みを知り，製作意欲を持つ。（10分）

②牛乳パック・針金・ストローを使って試し用のクランクをつくり，手で回しながら動きを見て楽しむ。（35分）

③材料（箱など）を選んで，クランクの仕組みを生かした作品を構想する。（45分）

④つくりたいものに合わせて，動きを考えながらクランクを活用した動くおもちゃをつくる。箱に飾りを付けるなど，表し方も工夫する。（90分）

⑤作品を持って互いに紹介し，動きの面白さや表し方のよさを認め合う。（30分）

⑥自己評価をし学習を振り返る。（15分）

ポイント

○仕組みだけの参考作品を目にすると，「どうやってつくるのだろう？」と疑問を持ち，題材への期待が高まる。

○クランクづくりでは，針金の曲げ方を示範だけでなく，説明動画や参考作品動画（上記二次元コード参照）を児童タブレットに配付し，主体的な活動の補助資料とする。

○動画の中には牛乳パック以外の箱も登場する。新たに自分で選んだ箱を使っても，試作品をそのまま作品化してもよい。

○針金の太さは1.6mm程度が扱いやすいが，事前に教師が確認して試す。針金やペンチはテーブルの真ん中にまとめておくなど安全に留意して活動できるようにする。

○鑑賞では，動く様子をタブレットに記録して集め，互いに見合えるようにする。

089

学年：5・6年　　時間：45分×10時間　　準備物：ワークシート，段ボールや空き容器の身近な材料，木工用接着剤，アクリル絵の具等

中根誠一

ドリームカンパニー

ねらい

段ボールや空き容器等の身近な材料をもとに，「人の役に立つ」夢の新製品について考え，班で協力し，工夫して作品づくりに取り組む。

学習活動の流れ

①本題材の見通しを持つ。（10分）

②「人の役に立つ」夢の新製品について，個人で考える。（10分）

③ワークシートにアイデアスケッチをする。（10分）

④会社（共同班）を編成する。（10分）

⑤共同班用アイデアスケッチシートに，アイデアをまとめ，一人一人のアイデアを可視化し，作品づくりの見通しを持つ。（10分）

⑥会社ごとに協力して作品づくりに取り組む。（385分）

⑦作品を鑑賞し合い，感想や質問を伝え合う。（10分）

⑧本題材の活動を振り返る。（5分）

ポイント

○アイデアスケッチ用ワークシートは，個人用と共同班用に分けることで，児童の発想や取り入れたい工夫を可視化することができる。

○これまでの図工の経験や作品づくりで学んできた工夫を組み合わせて作品づくりができるように，既習事項が確認できる掲示物や配付物等，教室環境を工夫する。

○共同作品の機能を表現するために，1人1台端末の音声機能や，電子ブロック，ホビーモーター等を活用することで，作品の一部に「光る，動く，音声が鳴る」等を実現することができ，表現の幅を広げることができる。

○共同班の人数は，協力して作品をつくりやすいように，4名程度がふさわしい。

090

KOMA KOMA
コマドリアニメーション
~卒業~

学年：6年　　時間：45分×5時間　　準備物：色画用紙・段ボール・軽量紙粘土など（今まで使ったことのある材料から選択），カラーペン，はさみ，のり，

田村久仁子

動画はこちら

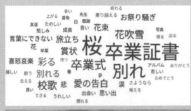

ねらい

「卒業」を主題としてコマ撮りアニメーションでどのように表すかを考え，材料や用具を適切に扱うとともに，表し方を工夫して表す。

学習活動の流れ

①学習活動について知る。（5分）

②「卒業」への具体的なイメージを出し合いながら，どのように表すかを考える。（15分）

③スケッチをして考えをまとめたり，アニメーションで使用する材料を集めたり，つくったりする。（70分）

④アプリ「KOMA KOMA」を使用して主題をコマ撮りアニメーションで表す。（90分）

⑤お互いが作成したアニメーションを鑑賞する。（45分）

ポイント

○一人一人の児童が持っている「卒業」のイメージをアンケート機能を使って集計する。テキストマイニングで可視化することで「卒業」をどのようなテーマで表すかを具体的に考えられるようにする。

○表したいものに合わせて用具や材料が選択できるように事前指導を行うことで，児童自身が材料を準備できるようにする。

○製作したアニメーションは Google Classroom にアップすることで，つくったアニメーションの相互鑑賞ができるようにする。

○製作後の相互鑑賞では，以下の四つの視点を設けて，具体的なよさや美しさなどを感じられるようにする。

「動き」「材料」「ストーリー」
「カメラアングル」

091

学年：5・6年　　時間：45分

準備物：ワークシートまたはロイロノート

古閑敏之

見つけたことや 感じたことを伝え合おう ～ゲルニカ～

「ゲルニカ」の拡大印刷

ねらい

　ピカソの作品「ゲルニカ」を見て，見付けたことや感じたことを伝え合うことで，作者の心情や意図を読み取る。

学習活動の流れ

①「ゲルニカ」を見て第一印象を伝え合う。（5分）

②めあてを決める。（5分）

　めあての例：「ゲルニカ」を描くことで，ピカソは何を伝えたかったのだろうか？

③作品について，注目したところとその理由を書き，みんなで共有する。（10分）

④どんな場面か考え，絵に副題を付ける。（5分）

　「ゲルニカ～○○○○○～」

⑤どうしてそのような題にしたか，友達と互いに考えを伝え合う（グループ→全体）。（15分）

⑥自己評価をし，学習を振り返る。（5分）

ポイント

○導入では，画面全体から受ける印象を自由に伝え合うようにし，どのような解釈も認められる雰囲気をつくることで，主体的に学習に取り組むことができるようにする。

○タブレットで，ロイロノートの思考ツール「Xチャート」を使って書くことで，視点を整理しながら考えるようにする。

○友達との意見交流を通して，作品の見方や感じ方を広げ，自他のよさや違いに気付き，感じ方の多様性の面白さを感じ取るようにする。

○副題を付けることで，短い言葉で作品に対する解釈を表出しやすくする。

○振り返りの時間には，第一印象との変容にも触れながら，「何を学んだか」を書き，平和学習などにもつなげることができるようにする。

＊本題材は，吉良山裕子先生（熊本市立龍田西小学校）のご実践です。

092

学年：5・6年　　時間：45分×6時間　　準備物：市販の砂絵セット（色のついた砂，テープ付き台紙），カッター，カメラアプリ（タイムラプス機能），iMovie

神崎直人

砂絵の世界へようこそ

動画はこちら

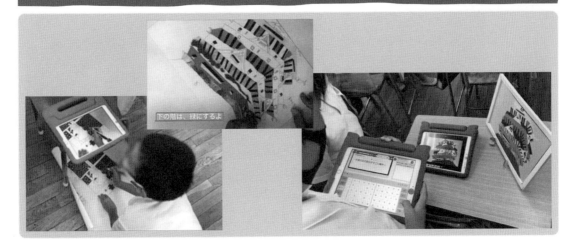

下の階は、緑にするよ

ねらい

　色の組み合わせを工夫して表現した砂絵を，タイムラプス機能で撮影して，製作過程の分かる動画を鑑賞する。

学習活動の流れ

①タイムラプス機能を使った様々な面白い動画を視聴し，学習課題をつかむ。（10分）

②ロイロノートに設計図を描く。（15分）

③台紙に，鉛筆で下書きをする。（30分）

④撮影をしながら製作活動に入る。（120分）

・カッターで切り取ることで出てきた粘着部分に色のついた砂をかけて着色する。

・カメラアプリのタイムラプス機能を使って，製作中ずっと撮影しながら作業をする。

⑤タイムラプス動画を iMovie に取り込んで，鑑賞動画をつくる。（45分）

⑥完成した鑑賞動画と作品を並べて，鑑賞会をする。（50分）

・友達の作品のよいところ等をロイロノートに記入し，感想交流をする。

ポイント

○教師は，製作過程が瞬時に分かるタイムラプス動画のよさが伝わるような建築関連の動画などを厳選して提示するとよい。

○教師は，子供が使用できる色を事前に把握できるように材料を準備しておく。

○場づくりに配慮が必要である。今回は，いすの上にタブレットを置いて固定して撮影し，いすの下で製作活動をした。

○「製作時の思考や作業工程」を説明する。

○タイムラプス機能の面白さやよさのうえに，動画編集によって，子供の製作に至る思考がプラスされることで，より深い鑑賞を行うことができ，後から評価する際にも効果的である。

093

学年：5年　　時間：45分

準備物：アートカード，ワークシート

山本　清

アートカードで楽しもう

ねらい

　国内外の親しみのある美術作品などを鑑賞する活動を通して，造形的なよさや美しさについて感じ取ったり考えたりし，自分の見方や感じ方を深める。

学習活動の流れ

①アートカードを配付し，本時の活動の流れを確認する。（5分）

②グループでアートカードを用いて活動を行う。（35分）

・キーワードゲーム：担任が言ったキーワード（「優しい感じ」や「怖い感じ」など）を聞いて，「これだ！」と思ったカードを一斉に指さす。作品のどこからそう思ったのか，理由も言わせる。

・名探偵ゲーム：代表児童はみんなに見えないようにカードを1枚選ぶ。各グループは1回だけ質問をしてよい（「人が描かれていますか？」「赤色が多く使われていますか？」など）。回答をヒントに，代表児童が選んだ1枚を推理する。

・神経衰弱：裏返しにされたカードから2枚を選び，共通点を言うことができれば，カードをもらうことができる。

・私のお気に入り：自分が気に入った作品を一つ選び，紹介する。

③本時の学びを振り返る。（5分）

ポイント

○アートカードは美術館が作成している場合もあれば，指導書の資料として付いていることもある。児童の実態に応じて，インターネットを活用して資料を集め，教師が印刷することも有効である。

094

学年：5年　　時間：45分

準備物：ロイロノート

西尾　環

不思議な絵のナゾを解き明かせ
～いろんな角度から絵を見て～

ねらい

　錯視などを利用した親しみのある美術作品の造形的な面白さや表現の意図や特徴について，感じ取ったり考えたりし，絵の見方や感じ方を深める。

学習活動の流れ

①「ルビンの壺」「ねことうま」の2枚の絵を見て，それぞれどう見えるか書き込む。（10分）

②二つの絵には，視点を変えると見え方が違うという謎があることを理解する。（5分）

③「妻と義母（若い女性と老婆）」「鳥とウサギ」「アルチンボルドの『庭師／野菜』」の3枚の絵の中から1枚選んで鑑賞し，それぞれの絵の謎を解き明かしてカードに書き込み，同じ絵を選んだ者同士で意見交換する。（15分）

④異なる絵のグループ同士で交流したり，学級全体で解き明かした謎を伝え合い問題を出し合ったりしながら，鑑賞活動を楽しむ。（15分）

ポイント

○「ルビンの壺」は陰陽，「ねことうま」は上下反転という視点で見ることを視覚的に理解できるよう，タブレット上の授業支援アプリ（ロイロノートなど）のカードへの書き込みや回転操作などを取り入れる。

○児童が感じた面白さや表現を認め，人によって感じ方も違うことにも目を向けさせる。

○3枚とも鑑賞して意見交換をしてもよい。学級の実態や時間配分を考えながら，教師が事前に検討する。

○全体での交流では児童のつくった問題で問いかけてもよい。例えば「この人は何才だと思いますか？　分かるように絵を描いてください」（「妻と義母」），「この中にはどんな野菜が隠れているでしょう？」（アルチンボルド）など。

学年：5年　時間：45分×2時間

準備物：名画のアートカード，解説書

095 あなたも名画アートレポーター

西尾　環

ねらい

名画の造形的なよさや美しさ，表現の意図や特徴，表し方の変化などについて，主体的に感じ取ったり考えたりしたことを伝え合い，絵の見方や感じ方を深める。

学習活動の流れ

①全員で，提示された一つの名画について，視点を持った鑑賞活動を行う。（30分）

②教師のアートレポートのモデルを聞き，自分たちも名画のアートレポートをすることを知る。（10分）

③自分が紹介したい名画を選ぶ。（5分）

④視点を持って名画を鑑賞したり，調べたりして，自分が感じ取ったことや理解したことをレポートとしてまとめる。（30分）

⑤アートレポーターとしてタブレットを活用して相手に伝える。（15分）

ポイント

○鑑賞では「形」や「色」を視点に，動き・奥行き・バランス・色の鮮やかさなどの造形的特徴を理解できることが望ましい。ここでは「風神雷神図屏風」をサンプル名画として取り上げた。また，モデルの紹介も，同じ名画で行う。

○児童が選ぶ名画は，教科書指導資料等にあるアートカードから選ぶようにする。

○1時と2時の間に時間を置くことで，家庭学習や自主学習で調べ学習を行うことが可能になる。

○社会の歴史学習と関連させ，ある時代の日本の美術作品（例えば江戸時代の浮世絵）などに絞って行うと，より焦点化された鑑賞活動となる。

○アートレポートの鑑賞は3人組などの少人数で行う。心に残るレポートで全体へ紹介してほしいレポートがあれば推薦してもらい，大型モニターを使って行う。

096

学年：5・6年　　時間：45分

準備物：拡大印刷した美術作品

中根誠一

浮世絵を　よく見て　話して

ねらい

　美術作品の掲示資料を鑑賞し，気が付いたことや気になることについて話し合いながら，多角的に見ることで，見方や感じ方を深める。

学習活動の流れ

①鑑賞マナーや本時の流れを確認する。（4分）

・挙手をしてから意見を発表する。

・共感する場合，付け足しする場合は挙手する。

・発表するときに理由もあわせて言えるとよい。

②資料について，鑑賞活動を行う。（26分）

・1分間じっくり鑑賞する。

・気が付いたことや気になることを発表する。

③鑑賞に必要な視点や情報を提供する。（5分）

・描かれている作品の季節や時間帯について想像して近くの人と話し合う。

・季節や時間帯について考えたことを理由とともに発表する。

④本時の活動を振り返り，ワークシートに感想を記入する。（5分）

⑤本時の感想を発表する。（5分）

ポイント

○インターネットの資料を拡大印刷することで，全体や部分についての発表がしやすくなる。また，1人1台端末を用いてスライド共有することで資料を拡大しながら鑑賞することができる（本実践の資料は，東京富士美術館HP「収蔵品」より引用した）。

○美術作品を多角的に鑑賞するために，作家や作品製作に込められた思い，作品にまつわるエピソード等の情報をあらかじめまとめて視点を精査すると鑑賞を深めやすくすることができる。

○美術作品に描かれている季節や時間帯等の全体的な視点から，描かれている人物の服装や心情等，部分的な視点に注目すると鑑賞しやすい。

097

学年：6年　　時間：45分
準備物：鳥獣戯画甲巻の掲示資料，ワークシート

山本　清

鳥獣戯画に親しもう

ねらい

　鳥獣戯画を鑑賞する活動を通して，描かれている登場人物の表情や動作から場面の様子を感じ取ったり考えたりし，自分の見方や考え方を深める。

学習活動の流れ

①参考資料を見て，本時の活動を知る。（5分）

・鳥獣戯画のうさぎとかえるが相撲をとっている場面の絵を見せ，何をしている場面か想像させる。

・投げ飛ばした後のうさぎの目を消しておき，どのような表情か想像させる。

②絵巻物について知る。（15分）

・先ほどの場面がつながっていることを知らせ，時間の流れが1枚の絵の中で表現されており，物語が1枚の絵に表されていることを伝える。

・相撲の場面に吹き出しをつけて，セリフを考えさせる。

・歴史的背景などを伝える。

③実物大の鳥獣戯画を鑑賞する。（10分）

・登場人物の動きや表情に着目して，そこから物語を想像するよう伝える。

④自分が面白いと思った場面を選び，紹介する。（10分）

・タブレットで，面白いと思った場面を撮影させておくとよい。

・セリフも考えさせる。

⑤本時の学習の振り返りを行う。（5分）

ポイント

○実物大の参考資料を作成する際には，Excelを使用すると，容易に作成できる。

○実物は長さが11.5mほどあるため，廊下などで鑑賞できるようにする。

○実践時はタブレットが未導入だったが，タブレットを活用すると，さらに活動の幅が広がる。

098

学年：6年　　時間：45分

準備物：MetaMoJi ClassRoom

安田晶子

平和への願い

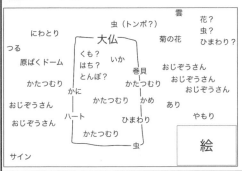

鑑賞　〜平和〜

雲
虫（トンボ？）　　　　花？
にわとり　　　　　　　　　　　　　　　　　虫？
大仏　　　　　菊の花
つる　　　　　くも？　いか　　　　　　　　ひまわり？
原ばくドーム　はち？　　　　　巻貝　おじぞうさん
　　　　　　　とんぼ？　　かたつむり　おじぞうさん
かたつむり　　　　かに　　　　　かめ　　おじぞうさん
おじぞうさん　　　かたつむり　　　　　あり
おじぞうさん　ハート　　ひまわり　　　やもり
　　　　　　かたつむり
サイン　　　　　　　　虫　　　　　絵

描かれている「平和」なストーリー

・戦後、生き返った動物たちが生き生きと活動している様子
・戦争が起きないで自然と動物でみちあふれた世界
・大きな大仏がいて生き物やおじぞうさんがたくさんいる戦争がないところ

・大仏がたくさんの生き物や花に囲まれていて楽しそう。
・大仏のまわりで何の生き物かも関係なく幸せにいる。
・自然豊かで植物や生き物を大切にしている。

作者が伝えたい「平和」とは？
○けんかをしないこと
○みんなと協力して助け合うこと
○家族と楽しく仲良く暮らすこと

板書例

ねらい

　作品から造形的なよさを感じ取り，作者の願いについて考える。

学習活動の流れ

①岩下哲士の作品「祈り」を見て，何が描かれているか捉え，交流する。（13分）

②絵に平和的なメッセージが込められていることに気付き，どんなストーリーが描かれているか考え，交流する。（15分）

③作者が伝えたい「平和」について考え，作者の願いを捉える。（10分）

④作者について知り，学びを振り返る。（7分）

ポイント

○絵を受け取ったらまず，個人で何が描かれているか捉える。短い時間（3分程度）を設定することで，集中して絵と向き合えるようにする。

○絵を見る・シートに書く作業が，一つのタブレット上にあると，子供がやりにくさを感じることがある。今回は，学習シートをタブレット上にしたため，絵画は2人に1枚のカラーコピーを用意して配付した。

○授業進行中に，教師が学習シートに課題や絵を提示したり，学習者の記述等をリアルタイムで確認しながら授業を進めたりするときは，MetaMoJi ClassRoom を使用する。

○本実践は，平和学習の一環として行った。次に，岡本太郎の作品「明日の神話」を鑑賞し，グループで平和への願いを込めた絵画の共同製作へとつなげた。

099

学年：6年　　時間：45分

準備物：拡大印刷した作品写真，ワークシートまたはロイロノート

山本　清

作品と題名

ねらい

　マグリットの作品「大家族」の鑑賞を通して，題名には，イメージや思いから付けられたものもあることを知り，思いを込めて題名を付ける。

学習活動の流れ

①マグリットの絵画作品「大家族」を見て，本時のめあてを持つ。（5分）

・リチーニオの作品「家族の肖像」を見て，題名を想像する。

・マグリットの作品の題名を想像する。

　　・鳥と空　・海　・荒波　・希望

②題名が「大家族」である理由を考える。（5分）

・グループで理由を話し合わせる。

　「青空や鳥が平和を表していて，家族の優しさを感じさせるから」

　「周りの空が曇り空で，怖い感じがしても，鳥の中は青空で，おだやかな感じがするから」

③全体で理由を話し合わせる。（15分）

　「どうして青空や鳥は優しい感じがするのですか」

④作品と題名の関わりについて考える。（5分）

・題名には，描かれているものから付けた題名や，イメージや思いから付けた題名があることを確かめる。

⑤自分の作品の題名について考える。（10分）

　「ぼくは，これからも思い出の場所が残ってほしいという思いを込めて『永遠』にしました」

⑥自分が考えた作品の題名と，本時の学びを発表する。（5分）

ポイント

〇実践時にはタブレットが導入されていなかったため，拡大印刷した作品写真とワークシートを用いたが，タブレットで写真を配付することも有効である。

100

学年：5・6年　　時間：45分

準備物：鉛筆，ワークシートまたは MetaMoJi ClassRoom

古閑敏之

龍を見る

ねらい

雲龍図を鑑賞し，天井に描かれた理由を考えることを通して，表現の工夫や意図を読み取る。

学習活動の流れ

①身近にある龍のイラストや写真を見て，感じたことや龍の特徴を話し合う。（5分）

②「雲龍図」の写真を見て，めあてを決める。（5分）

　例：龍が天井に描かれた理由を考えよう。

③「雲龍図」と別の龍のイラストを比べて見て，共通点や相違点を話し合う。（20分）

④龍が天井に描かれた理由を考える。（10分）

　発問例：龍はどこを見ているのだろう。

⑤自己評価をし，学習を振り返る。（5分）

ポイント

○龍への興味を高めるために，世界の龍のイラス
トや写真を見せ，どのようなところが好きなのか全体で共有する。

○「なぜ天井に龍が描かれたのか」等，児童の疑問をもとに，めあてを設定する。

○雲龍図と，ポケットモンスターの龍のイラスト（レックウザ）を比較し，共通点や相違点を話し合う中で，雲龍図の表現の特徴や工夫を明らかにする。

○タブレットで，拡大・縮小しながら鑑賞することができるようにし，細かい描写が分かるようにする。

○振り返りの時間には，第一印象との変容にも触れながら，「何を学んだか」を書き，古来より日本に伝わる文化財のよさにもつなげることができるようにする。

＊本題材は，本田愛先生（熊本市立力合西小学校）のご実践です。

参考文献

[Chapter 1]

文部科学省「小学校図画工作科の指導における ICT の活用について」2020，p.2
　　https://www.mext.go.jp/content/20200911-mxt_jogai01-000009772_07.pdf

文部科学省「GIGA スクール構想のもとでの小学校図画工作科の指導について」2021，p.2
　　https://www.mext.go.jp/content/20211104-mxt_kyoiku02-000015487_zukou_ts.pdf

奥村高明「図画工作の授業（２）〜指導案の書き方」「学び！と美術〈Vol.47〉」（日本文教出版），2016.07.11
　　https://www.nichibun-g.co.jp/data/web-magazine/manabito/art/art047/

岡田京子『成長する授業―子供と教師をつなぐ図画工作―』東洋館出版，2016，p.55

森實祐里「図画工作科の評価は「子供の学び」を知ること」『ゼロから学べる小学校図画工作授業づくり』（大橋功監修／西尾環・森實祐里編著）明治図書，2016，p.38

大橋功「表現する教室とは何か」『表現する教室のつくり方』（大橋功・鈴木光男監修／服部真也・長瀬拓也・藤原智也編著）東洋館出版，2022，p.10

執筆者一覧（執筆順）

西尾　環　　　熊本市立本荘小学校

毎床　栄一郎　熊本市立富合小学校

中根　誠一　　世田谷区立瀬田小学校

村上　正祐　　熊本市教育センター

小原　莉奈　　熊本市立隈庄小学校

安田　晶子　　熊本市立長嶺小学校

古閑　敏之　　熊本市立桜木小学校

山本　清　　　熊本市教育センター

神崎　直人　　熊本市立画図小学校

岩本　紅葉　　新宿区立富久小学校

田村　久仁子　板橋区立志村第二小学校

【編著者紹介】

西尾　環（にしお　たまき）

鹿児島県生まれ。熊本県市図画工作・美術教育研究会，熊本大学教育学部情報教育研究会（現・熊本大学教職大学院情報教育研修会）で長年活動。くまもと図工サークルの仲間と，美術館と連携して取り組んだ鑑賞教育の教育論文で，全国教育美術賞（佐武賞）を団体で受賞。個人では国際交流壁画共同制作（Art Mile Project）の実践論文で，ちゅうでん教育大賞優秀賞を受賞。Apple Distinguished Educator 2011，ロイロ認定ティーチャー，シンキングツールアドバイザーなどの資格を持つ。現在は熊本市立本荘小学校講師として，フレンドリーオンラインで熊本市の不登校児童の学習支援及び ICT 支援にあたる。『タブレットで変わる授業デザイン』（小学館），『ゼロから学べる小学校図画工作授業づくり』（明治図書）などの著書がある。

図工科授業サポートBOOKS

どの子も夢中になって取り組む！
図画工作　題材＆活動アイデア100

2023年9月初版第1刷刊　©編著者　西　尾　　　環

発行者　藤　原　光　政

発行所　明治図書出版株式会社
http://www.meijitosho.co.jp
（企画）林　知里（校正）西浦実夏
〒114-0023　東京都北区滝野川7-46-1
振替00160-5-151318　電話03(5907)6703
ご注文窓口　電話03(5907)6668

＊検印省略

組版所　株式会社木元省美堂

Printed in Japan　　　　ISBN978-4-18-324727-8
もれなくクーポンがもらえる！読者アンケートはこちらから→

図工科授業サポートBOOKS
図画工作指導テクニック１１４
竹井　史 編著　定価 2,156 円（10％税込）　　図書番号 4076

図工科授業サポートBOOKS
指導計画から授業展開までよくわかる！
小学校新学習指導要領　図画工作科題材＆授業プラン
岡田　京子 編著　定価 2,420 円（10％税込）　　図書番号 3158

図工科授業サポートBOOKS
クレヨンから版画まで　小学校図工
絵の指導テクニック＆題材４８
北村　仁 著　定価 2,376 円（10％税込）　　図書番号 2889

指導から評価まですべてが分かる！
新学習指導要領対応　小学校図工テッパン題材モデル
低学年／中学年／高学年
竹井　史・中村　僚志 監修ほか／愛知県造形教育研究会 著
定価各 2,420 円（10％税込）　　図書番号 3525・3526・3527

小学校図工　指導スキル大全
岡田　京子 編著　定価 2,310 円（10％税込）　　図書番号 3933

手軽でカンタン！子どもが夢中になる！
筑波の図画工作　言葉かけ＆題材ネタ５１
筑波大学附属小学校図画工作科教育研究部・仲嶺　盛之・北川　智久・笠　雷太 著
定価 2,420 円（10％税込）　　図書番号 2459

明治図書　携帯・スマートフォンからは **明治図書 ONLINE へ**　書籍の検索、注文ができます。▶▶▶
http://www.meijitosho.co.jp ＊併記４桁の図書番号（英数字）でHP、携帯での検索・注文が簡単に行えます。
〒114−0023　東京都北区滝野川 7−46−1　ご注文窓口　TEL 03−5907−6668　FAX 050−3156−2790